中学校

道徳の授業がもっとうまくなる50の技

山田 貞二
Yamada　Teiji

明治図書

はじめに

「アンコール！」「アンコール！」の大合唱。
私にとって忘れられない道徳授業のラストシーンです。

事の発端は，「『立志の会』を，もっと生徒の心に残る会にしたい」という学年主任の言葉でした。この言葉を受けて，道徳推進教師が，「うちの学校は，道徳教育が教育活動の柱。『立志の会』の中でも道徳の授業をやりましょう。ただ，学年道徳という形の授業は，やったことがないので校長先生にやってもらいましょう」と提案。満場一致で可決されました。

当日の主題は「家族への感謝」。使用した資料は，1994年，ピューリッツァー賞を受賞した「ハゲワシと少女」という写真。80年代から続く内戦と干ばつで深刻な飢餓状態となっていた南スーダンで報道写真家ケビン・カーターが撮った衝撃の写真。一羽のハゲワシがやせ細った少女をねらう場面。

感じたことを自由に発言させていくと，しだいにカメラマンの話に移っていきます。ほとんどの生徒がカメラマンの行動への憤りを語ります。しかし，そのカメラマンが撮影後に号泣したことを伝えると，会場の空気が変わりました。1人の女子生徒が「広い砂漠の中に，だれも助ける人がいない状況。見捨てられた状況が悲しく，何もできない自分が情けないんだと思う」と語ります。そして，今の自分たちの状況へと話が進んでいきます。家族を思い，友人を思う生徒の姿が確実に確認できる話し合い。自然な形で価値の主体的な自覚ができている…。涙を流し始める生徒が次々と現れます。何だろう，この授業は！　我を見失い，突然の「これで授業を終わります」の宣言。異様な雰囲気に，まとめもせずに終わってしまう自分がはずかしい…と思った瞬間，会場から手拍子が聞こえ「アンコール！」「アンコール！」の大合唱。

長年授業を行ってきて，授業のアンコールをもらったのは，後にも先にもこのときだけです。

　若いころ，徹底的に道徳授業の「型」を教えてもらい，ある程度の授業ができるようになってくると，子どもたちにわかりきったことを答えさせていく授業展開が苦痛でたまらなくなりました。その「型」を超える本音で語り合える授業をしたいと思うようになりますが，当時の自分には頼るべき人も書籍もなく，自己流で進めるしかありませんでした。生徒から「アンコール」の声をもらえるまでに30年の歳月がかかってしまったのです。

　今回，『道徳の授業がもっとうまくなる50の技』を執筆するにあたり，教科化された道徳の授業をされる先生方の授業づくりの指針となるような本を届けたいと考え，私が学んできた道徳の授業づくりのすべてを紹介させていただきました。生徒との関係づくりから始まり，教材研究の方法，発問のつくり方，授業展開の5類型，板書の仕方などを丁寧に説明しています。
　この本を手にされた先生方にも，「アンコール！」の大合唱が起こるような道徳授業のすばらしさを体感してほしいと切に願っています。この本を手元に置き，ハンドブックとして活用していただくことで，先生が主役となって進めていく授業のはかなさと，生徒が探究学習をする中で自分の生き方を見つけていく授業の重厚さがわかっていただけると思います。

　全国の小中学校で講演させていただくときのテーマは「うれしい，楽しい，道徳大好き！」。本書が教科化時代の道徳授業づくりの水先案内人となり，「道徳が楽しい！」という先生と子どもたちが増えてくれたら幸いです。
　今も聞こえる「アンコール！」の大合唱が全国に広がることを願って。

2019年4月

山田　貞二

もくじ

はじめに

第1章
_{もっと}楽しい道徳授業のベースづくりがうまくなる7の技

第2章
_{もっと}「対話」を中心とした「考え,議論する」道徳がうまくなる10の技

第**3**章
効率的で濃厚な教材分析が
もっと
うまくなる**6**の技

第**4**章
明確な指導観を基にした授業構成が
もっと
うまくなる**12**の技

第5章
効果的な発問がもっとうまくなる5の技

第6章

「考え，議論する道徳」を支える板書が
もっと うまくなる**4**の技

第7章

白熱する楽しい道徳授業づくりが
もっと うまくなる**6**の技

第1章
楽しい道徳授業の ベースづくりが もっとうまくなる7の技

1 道徳授業の達人になる前に 学級づくりの達人になる

> **ポイント**
> 1　学級の中に「安心感」をつくり出す
> 2　生徒の考えに「共感」することから始める

1　学級の中に「安心感」をつくり出す

　道徳の授業は，そのほとんどが言語活動を中心として成り立っています。生徒相互，教師と生徒との対話を通じて，道徳的価値を深めていきます。生徒の発言なくして授業は成立しないと言っても過言ではありません。学級の中には，だれもが安心して発言し，自由に対話ができる空間が必要です。**学級の中に「安心感（セイフティ）」があることが，道徳の授業を進めていくうえで重要なベースとなります。**

　この「安心感」は自然に生まれてくるものではありません。学級づくりと大きなかかわりをもっています。担任が生徒一人ひとりを大切にし，個に寄り添った学級経営をすることが「安心感」の醸成につながっていきます。道徳の達人は，すなわち学級づくりの達人でもあるのです。道徳の授業で生徒が生き生きと意見を発言している学級は，温かい雰囲気の中で一人ひとりが，まわりの目を気にすることなく，自信をもって発言ができています。逆に，重い空気の中で授業が進んでいる学級の生徒は，自分に自信がもてず，周囲の反応を極度に意識した発言を繰り返すことになります。これでは道徳の授業は成り立たなくなってしまいます。

2　生徒の考えに「共感」することから始める

　では，「安心感」は，具体的にどのようにすれば生まれてくるのでしょうか。それは，いわゆる**生徒指導の3つの機能**を意識することです。

> 1　生徒との共感的人間関係をつくる…生徒の考えを受容する
> 2　生徒に自己肯定感を与える　　　…生徒の考えを認める
> 3　生徒に自己決定の場を与える　　　…生徒の主体的活動を支援する

　この3つの機能を，授業はもとより，学校生活全般に生かしていくことで「安心感」が生まれてきます。

　まず，生徒の考えを受容的に聞くことから始めます。教師の都合を優先し，「それは無理」「時間がない」「それは違う」と一方的に否定してしまうと，生徒は「言っても無駄だ」と思い，語るのをやめるか，先生の顔色をうかがいながら発言をするようになります。本音を語ることができない学級になってしまうのです。逆に，受容的に聴く姿勢を常にもっている教師の学級では，生徒が安心して自分の考えを発言することができます。

　ここでポイントになるのは，**教師だけでなく，生徒相互の対話においても，受容的な姿勢をもたせること**です。これは，「ピア・サポート」などの活動とも通じるところがあり，朝や帰りの会，学級活動や総合的な学習の時間などに意図的に指導することをおすすめします。

　時間はかかりますが，道徳の授業のベースは「学級づくり」です。いつも積極的に発言する生徒だけで授業を進めるのではなく，すべての生徒が安心して発言ができる学級づくり，授業づくりを進めることが大切です。

　こうして共感的な人間関係を構築するのと同時に，生徒を認め，生徒の自己肯定感を高めるとともに，生徒が自ら生き方を考え判断していこうとする自己決定の場を与えていきます。この3つの機能を意識するだけで，あなたも学級づくりや道徳授業の達人に近づくことができます。

2 「傾聴三原則」を意識させる

> **ポイント**
> 1 笑顔で聴くことから始める
> 2 相づち，うなずき，称賛を意識させる

1 笑顔で聴くことから始める

　道徳に限らず，中学校の授業の中で行われる話し合いでは，各生徒が自分の考えを一方的に伝えて終わるというパターンが目立ちます。淡々と伝達が行われ，あっという間に終わる場面を多く見てきました。生徒は無表情で形式的な話し合いをこなしています。そこには，話したくなるような要素を見つけることができません。

　道徳の授業は，ほとんどが言語活動です。特に話し合いの占める割合は大きなものになりますが，**人と人が話をするときに，話が円滑に進むための必須条件が「笑顔」**です。

　学校生活の様々な場面を捉えて，意識的にペアで話す場面を多くつくり，まずは「相手の顔を見て，笑顔で聴くこと」から練習を始めてみましょう。朝の会や帰りの会等でほんの1分あればできます。

　もう1つ大切なことがあります。それは教師の笑顔です。道徳の授業で生徒が発言しているときに，難しい顔をして教師が話を聞いている場面をよく見かけます。学級全体が重い空気になり，発言しにくい雰囲気が醸し出されてきます。教師も「笑顔」で聞くことです。教師の笑顔は学級全体に安心感を与え，自分の考えを話したくなる土壌がつくられるきっかけとなります。

小学校の教師に比べて中学校の教師は笑顔が少ないといわれます。意識して生活してみましょう。

2　相づち，うなずき，称賛を意識させる

　相づち，うなずき，称賛の3つは「傾聴三原則」と呼ばれます。話し合い活動を重視する道徳の授業において，非常に重要なスキルです。ともすると私たちは，考えを発表する方の指導に意識がいきがちですが，**実は聴く側の指導をすることが，話す方の意欲を高めることにつながっていくのです。**

　「うん，うん」「なるほど」「へぇ〜」「そうだよね」「ありがとう」という声かけをしてもらうことで，話し手は自分の話が認めてもらえていると感じ，ここでも安心感を得ることができます。そして，もっと多くのことを深く語ろうとするのです。

　このスキルを身につけさせるのも，ペアでの練習が効果的です。教師が「今日一日の出来事」「今，自分の中でブームになっていること」といったテーマを出します。それにそって1分程度のトークをさせます。1分交代で行わせると効果的です。

　そして，このスキルも指導者である教師も身につけたいスキルです。生徒が発言をする際にこの傾聴三原則ができているでしょうか。頭の中に「切り返し」という4文字がちらつき，次の発問を意識するあまり，しっかりと生徒の考えを認めていない，といったことがないでしょうか。

> 「うん，うん」「なるほど」「へぇ〜」「そうだよね」「ありがとう」

　この傾聴三原則をたっぷりと使うことが授業づくりのスタートです。日々の生活の中に取り入れてみましょう。

013

3 心安らぐオウム返しで
肯定感を高める

> **ポイント**
>
> 1 相手の発言をオウム返しで繰り返す
> 2 要約して返すことで話のポイントをお互いにキャッチする

1 相手の発言をオウム返しで繰り返す

先述の相づち，うなずき，称賛の「傾聴三原則」と同じく**傾聴の基本とされているのが「オウム返し」という手法**です。大人なら自然にできる技術です。また，中学生でも日常生活の中では十分に行えているのですが，授業の中ではなかなかできていないのが実情です。

鳥のオウムは，人間が話した内容を，そのまま覚えて返してくれます。これと同じようなことを話し合いの中で意識をして行います。例えば，次のようなやりとりです。

> A 乗客は，運転手の母親に対する思いやりに感動して拍手したんだと思います。
> B そうか，運転手の母親に対する思いやりに感動したんだね。

こうして，自分の発言をそのまま返してもらうことで，相手に認めてもらったという肯定感が生まれ，安心してこの後の思いも相手に伝えることができるようになります。

この手法も，先述の傾聴三原則同様に，ペアトークの中で生徒に身につけ

させていくことが大切です。対話の基礎をつくっていくという効果のほかに，自己肯定感を高めていくという効果があります。だれでも自分の話を聴いてもらえるのはうれしいことです。自分が言ったことをオウム返しされることで，相手は自分を認めてくれていると感じることができます。学級づくりでも大切な手法と言えます。

2　要約して返すことで話のポイントをお互いにキャッチする

　短い言葉であれば，簡単にオウム返しはできますが，長い話の場合は，そのまま返すことは難しいので，**「要約のオウム」という手法**を使います。**相手の言葉を3〜4割ぐらいに編集したダイジェスト版を相手に返すイメージ**です。

　この手法は，教師が身につけたい手法でもあります。生徒の発言がなかなかまとまらない場合が多々あります。そんなときに，生徒の発言を要約して復唱することで，他の生徒も発言の内容を把握することができるようになります。発言した生徒も，うまくまとまらなかった自分の発言を客観的に把握することができるようになります。

015

> A　中には嫌々拍手した人がいて，つられて拍手した人もいる…。
>　本当にお母さんはうれしいと思っているのかどうかわからないけれど，自分だったら，耐えられないのでこの場所で降りたい。
> B　拍手はすべて好意的ではないと考えたので，自分だったらここで降りたいということだよね。

　傾聴の基本であるオウム返しは，対話の基本であり，お互いの信頼関係や自己肯定感を大きく高めてくれるものです。

　大いに活用してみましょう。

4 「教え惜しむ」姿勢をもつ

1 教師も一緒に考える

教科化されるまでの道徳授業を受けてきた大学生に，中学校時代の道徳授業の感想を尋ねると次のような答えが返ってきます。

・一部のよく発言する子たちだけで授業が進んでいった。

・みんなと違う意見や先生が期待している答えではない意見を言おうとするのには，かなりの勇気が必要だった。

・わかり切ったことを言わなくてはならず，興味がわかなかった。

つまり，教師が1つの答えをもっており，それに近い意見を言わせるような授業が行われていたということです。しかも，その答えはわかり切った内容がほとんどなのです。実際，私がまだ若手だったころ，道徳の研究授業の検討会を行っているとき，「ここへ落とせばいいんじゃない」とか「これが出たらいい授業になるね」という会話がなされていました。

人の生き方や考え方は様々です。**1つに絞るのではなく，その様々な考えを知り，自分で生きる道を判断していくことが大切**です。当然，教師も1人の人間。生徒と一緒に考えましょう。時には生徒の考えにハッとさせられることがあります。意外に生徒の方が深く考えているのです。

中学校学習指導要領解説「特別の教科　道徳」編にも，「…**教師は生徒と**

共に考え，悩み，感動を共有していくという姿勢で授業に臨み…」と示されています。

2　生徒の発言を評価しない

　教師も一緒に考える道徳授業では，生徒が友だちの意見を聞き，対話しながら探究をするため，教室内が徐々に白熱していくのがわかります。しかし，その熱い議論に冷や水を浴びせる光景を目にすることがあります。

「その通りだね」

「先生もそう思うよ」

「答えに近づいたね」

「本当にそうだろうか？」

「少し違うかもしれないね」

「そう！」

　生徒を励ましたいという思いから出た発言ですが，実はこれらの発言は，**生徒の発言の良し悪しを評価したもの**なのです。こうした即時評価が授業の中でなされると，生徒は先生の評価を気にするようになってしまい，自分の考えではなく，先生に気に入られるような発言を繰り返すようになってしまいます。

　だめです！　こうなってしまっては…。もう道徳の授業ではありませんね。

　道徳の授業では，**教師は生徒の考えを評価するのではなく，意見をつないでいくことを常に考えることが大切**です。答えは生徒自身が探究します。教師はファシリテーター（引き出し役）に徹し，道徳的価値の深まりが見られるような話し合いの演出に力を注ぎましょう。教師が主役になってしまってはいけないのです。

　「教えない」「教え惜しむ」姿勢をもって，生徒の意見をつなぐのが，道徳授業での教師の大きな役割です。

5 生徒に到着するホームを 見つけさせる

1 「納得解」を見つけさせる

　これまでの道徳授業の問題点の１つとして，「決まりきったことを言わせる」「生徒が知っていることをあえて話し合わせる」ということがあげられています。例えば「友情」という主題を設定した場合，授業の最後の段階で「信頼できる友だちをもち，お互いを高め合う関係をつくることが大切」というまとめで終わってしまう授業のことです。こんなことは，中学生ならだれでも知っています。このような決まりきったこと，人としてだれでも知っていることが，いわゆる「絶対解」と呼ばれるものです。これまでは，この絶対解を意識した授業があまりにも多く，教師はこの絶対解を生徒から言わせるような授業展開を考えていました。

　本当に必要なものは，生徒個々の「納得解（自分が納得でき周囲の納得も得られる解）」です。１時間の授業を通して生徒個々がたどり着いた答えのことです。生徒一人ひとりの考え方に違いがあり，それをお互いに認めていきます。

　例えば「本当の友だちとはどんな友だちか」というテーマを議論した授業で，生徒は様々な答えにたどり着きます。絶対解と納得解の例を示すと次ページのような比較ができます。

> 絶対解→信頼できる友だちをもち，お互いを高め合う関係が大切
> 納得解　「本当の友だちとはどんな友だちか」というテーマについて
> 　　　　→生徒A　自分のことより先に友だちのことを考える
> 　　　　→生徒B　お互いに競い合うことができる
> 　　　　→生徒C　弱い自分を見せることができ，心が安らぐ

電車に例えてみます。

> 絶対解…駅（例えば東京駅）　納得解…ホーム（例えば14番線）

教師と生徒で「絶対解」という駅に向かって行くけれど，一人ひとりがたどり着くホーム（番線）は違ってくるということです。ですから，1時間の授業を終えて生徒が自分なりの納得解をもつことができるような授業を行うことが大切です。よく「道徳はモヤモヤして終わればいい」という人がいますが，その授業には納得解という学びがありません。

2　振り返りの発言で授業をまとめる

　授業の後半や終末で，1時間の授業の「振り返り」が行われます。この活動のときに生徒は自己を見つめ，自分の納得解を確認します。この納得解を学級全体で確認し合うことにより授業のまとめとします。教師がまとめるのではなく，生徒自身の納得解を発表させることにより授業のまとめとするということです。以下のように投げかけてみましょう。

> 　今日の授業で○○について学んだことを発表しましょう。

　詳しくは，第4章の33でお話します。

6 「基本形」を知り尽くす

1　基本形の指導展開を1つの「型」として学ぶ

道徳が教科化された1つの要因として，読み物教材の登場人物の心情理解のみに偏った形式的な指導が行われてきたことがあります。この「形式的な指導」というのが，今からお話しする「基本形」のことです。この「基本形」，実は道徳の授業があまり熱心に行われていない時代に，**道徳に不慣れな先生にも自信をもって授業をしてもらえるよう研究された優れた指導展開**なのです。しかし，この指導展開の意図や趣旨がしっかりと理解されないまま，形だけをまねて授業を行ってきたため，授業が形式的なものになってしまいました。

この「基本形」は，「道徳の授業の進め方がわからない」「道徳の授業づくりがわからない」という先生にとって，授業づくりの基礎・基本となる指導展開ですので，道徳授業に苦手意識をもっている方は，まずこの指導展開を学ぶことをおすすめします。

この「基本形」は元文部省初等中等局教科書調査官である青木孝頼氏が，資料の活用類型の1つとして示したものです。次ページに示すように，読み物教材の登場人物に共感しながら授業を展開し，後半で自分の生活を振り返るという形を基本としています。

価値への方向づけ（導入）

①方向づけ

②本時の主題を知る

価値の追求・把握と主体的自覚（展開）

展開前段

①教材を読む（教師の範読や読み聞かせ）

②あらすじの確認
・登場人物の確認
・簡単な流れの確認

③基本発問（中心発問につながる発問）

④中心発問（主人公の気持ちや考えが大きく変化する場面を捉える発問）

⑤話し合い発動
・役割演技　　　　　　　・討論会
・ロールプレイング　　　・小集団での話し合い
・ディベート　　　　　　など

展開後段

⑥主体的自覚（教材を離れ自分の生活を見つめ直すことで価値を自覚する）

まとめ（終末）

教師の説話（生の人間としての自分をさらけ出す。
マイナスの話がよい。話し始めは「先生は…」ではなく「私は…」)

道徳授業の基本形

区分		学習活動	指導上の留意点
導入	方向づけ	1．祖父母とのかかわりを発表する。 　自分の祖父母をどう思っているか。 2．本時のめあてを知る。 　今日は「家族」について考えます。	・生徒の生活経験からめあてにつなぐ。 ・本時の主題を知らせる。
展開	価値の追求・把握と主体的自覚	3．教材の範読を聞く。 4．僕の気持ちについて考える。 　変な格好をしたり，物忘れが激しくなったりした祖母を僕はどう思っているでしょう。 　祖母のノートを読んだ僕はどんな気持ちになったでしょうか。 ・とても悪いことをしてしまった。 ・祖母に謝りたい。 ・祖母に今度は恩返しをしたい。 5．自分の生活を振り返る。 　家族に対して，大切にしたことやできなかったことはありませんか。 ・自分も祖母に対してひどいことを言ってしまったことがある。	＜展開前段＞ 教材の中の主人公の気持ちに共感させながら道徳的価値を深める。 ★基本発問 中心発問につなげるための発問。 ★中心発問 道徳価値を深めるための授業の中心となる発問。 ＜展開後段＞ 教材から離れて，主題にかかわる自分の経験を振り返る。
終末	まとめ	6．教師の説話を聞く。	・余韻をもって終わる。

基本形の指導展開例（「一冊のノート」（『私たちの道徳　中学校』より））

　この指導展開は，読み物教材の中の登場人物の心情を場面ごとに追っていくため，生徒には考えやすいというメリットがある反面，国語的な授業になりやすいというデメリットがあります。心情にとどまらず，価値観や考え方まで追求していけるような補助発問や問い返しの発問を用意しておくことが大切です。

> **生徒**「祖母に悪いことをしたから謝りたい」
> **教師**「どんなことを悪いと思っているのですか？」（問い返し）
> **生徒**「もっと祖母に優しくしたい」
> **教師**「どうしてそんな気持ちに変わってきたのですか？」（問い返し）

2　展開後段で無理に教材から離れない

　さて，この基本形を多くの中学校教師が実践し，最も苦戦したのが展開後段なのです。なぜ苦戦したのでしょうか。

> ・教材の中での話し合い活動がかなり盛り上がり，価値の追求が行われていたのが，急に日常生活での経験に戻り，追求が分断された形になってしまい，つながりが弱いから。
> ・思春期ど真ん中の生徒が自分のプライベートを学級全体の前で話すことは，かなり抵抗のある活動となるから。

　したがって，教科化後は，この展開後段や終末において，生活経験を問うのではなく，教材を使って追求してきた道徳的価値について無理に教材から離れるのではなく，「授業の中で何を学んだか」というような振り返りの活動を行います。そうすることによって，自然と自分の生活経験と結びつけて振り返りを行うようになります。

7 「守・破・離」を意識した しなやかさをもつ

ポイント

1 これまでのタブーを恐れず，自分の頭をフル活用する
2 教科書の赤刷り本や指導書は参考書として活用する

1 これまでのタブーを恐れず，自分の頭をフル活用する

教科化される前の道徳の授業には，様々なタブー（禁止，決まり事）がありました。私も若いころ，よく先輩から指導を受けました。研究協議の場でもよく話題になっていました。それぞれのタブーは，研究の成果であり，ちゃんとした理由があったにもかかわらず，「なぜ，いけないのか」という理由をきちんと考えることなく授業を形式的に進める教師が多く，タブーが独り歩きしている感がありました。では，どんなタブーがあったのか，その一部をお示ししましょう。

①授業は1人の人物の心情や考え方を追求させる。何人も追求しない。

②「もし自分だったら」という発問はしてはいけない。

③資料の分断はしてはいけない。

④終末で生徒に決意表明させてはいけない。

⑤「なぜ」という発問をしてはいけない。

⑥資料の範読は教師が行わなければならない。

⑦生徒に相互指名をさせて授業を行ってはいけない。

⑧1時間の授業は1つの資料を使って1つの内容項目で行うべき。

　例えば②について考えてみましょう。「もし自分だったら」という発問をすると、「生徒から本音の意見が聞けなくなる」という危惧があったためにタブーとされていました。しかし、学級の中に安心感があり、温かい人間関係が構築されていれば、本音で語ることができるわけです。

　大切なことは、**一つひとつのタブーやセオリーの意味を自分自身できちんと考え、自分の学級の生徒の状況、教材の特徴、授業のねらいなどから自分自身の明確な指導観をもつこと**です。自分の頭をフル回転させましょう。したがって、先述の「基本形」についても、いつもこの形で授業をすることがよいとは言えません。自らの指導観に基づいて工夫や改善を加え、生徒にとってよりよい授業としていかなくてはなりません。

　剣道や茶道などで、修業における段階を示した「守破離」という言葉があります。「守」は、師や流派の教え、型、技を忠実に守り、確実に身につける段階。「破」は、他の師や流派の教えについても考え、よいものを取り入れ、心技を発展させる段階。「離」は、1つの流派から離れ、独自の新しいものを生み出し確立させる段階。

025

　道徳授業に置き換えるならば次のようになります。

> 「守」…基本形を学び、1つの「型」を身につける段階
> 「破」…様々な指導法を学び、指導展開に取り入れる段階
> 「離」…これまでの経験と学びを発展させ、創造的な指導展開を工夫する段階
> ※すべての段階において「明確な指導観」が必要です。

　「守」は初任者や道徳授業に不慣れな人の段階。「破」は、道徳授業に取り組んで数年から十数年までのミドルリーダーの段階。「離」は、道徳授業を楽しいと感じる堪能な人の段階。「守」の段階に固執したり、留まったりするのではなく、経験年数など気にせず、貪欲に「離」の段階を目指し、積極的に研究や研修に取り組んでほしいと思います。

2 教科書の赤刷り本や指導書は参考書として活用する

道徳科の教科書を発行している会社は，必ず赤刷り本と指導書を発行しています。これらも「守破離」を意識してうまく使用していただきたいと思います。特に，指導書には2つの指導案が掲載されています。1つは，長年実践してきた**「基本形」をベースにした指導案（A案）**，もう1つは，学習指導要領解説の中で示されている**質の高い多様な指導法を意識した指導案（B案）**です。

> 「守」…赤刷り本で教材研究を進め，指導書のA案を参考にした授業展開を考える段階。
>
> 「破」…赤刷り本を参考にして教材研究を進め，指導書のB案の指導展開から学んだことを，オリジナルの指導展開に生かしていく段階。
>
> 「離」…教科書の教材を自分なりの方法で研究し，オリジナルの指導展開を構築し，赤刷り本や指導書は参考とする段階。

赤刷り本や指導書は，各教科書会社が専門家に依頼して作成された優れた研究物です。これを参考書として大いに活用することが大切です。しかし，これに頼りすぎてしまうと，指導者の「明確な指導観」のない授業になってしまう可能性があります。それは，教科化以前の形式的な指導に逆戻りしてしまうということです。こんなことがあっては，道徳を教科化した意味がなくなってしまいます。

「守」の段階から早い時期に「破」の段階，「離」の段階へと進んでいくことが必要です。「離」の段階では，指導者が「明確な指導観」を基にしてオリジナルの指導展開を考えます。ここにこそ道徳授業を創る楽しさ，教師の醍醐味が隠されています。ぜひ皆さんに味わっていただきたい味です。

第2章 「対話」を中心とした「考え，議論する」道徳がもっとうまくなる10の技

8 スリーシステム座席配置で対話をつくる

> **ポイント**
> 1　基本は「コの字型」の座席配置とする
> 2　活動によって３つの座席配置を使い分ける

1　基本は「コの字型」の座席配置とする

　前章で述べたように，道徳の授業には「安心感」が必要で，教師と生徒が一緒に考えることが大切でした。そうした点から考えた場合，生徒の座席配置はどのようにしたらよいでしょうか。

　基本は，次ページの図に示したような「コの字型」となります。この配置であると，**お互いの顔が見え，対話しやすい雰囲気になります。**教師の方を全員が見ている場合は，教師との意見のやり取りが中心になりますが，「コの字型」の場合は，生徒同士の意見のやり取りが中心となります。「安心感」が増す座席配置です。

　教師は，生徒の近くまで行って意見を聞いたり，ワークシートに書かれたものを読んだりすることができるよう，　　　の部分を移動しながら生徒とやり取りします。私は，授業中，教卓にいることはほとんどなく，７割以上は　　　の部分にいて，常に生徒の状況を把握するようにしています。「**共感帯Ｔゾーン**」と名づけています。各々の机も離すことなく，隣と接触していますから，**ペアでの話し合いもすぐに行え，「対話」が生まれやすい環境**になっています。まずは，「コの字型」からチャレンジしてみましょう。

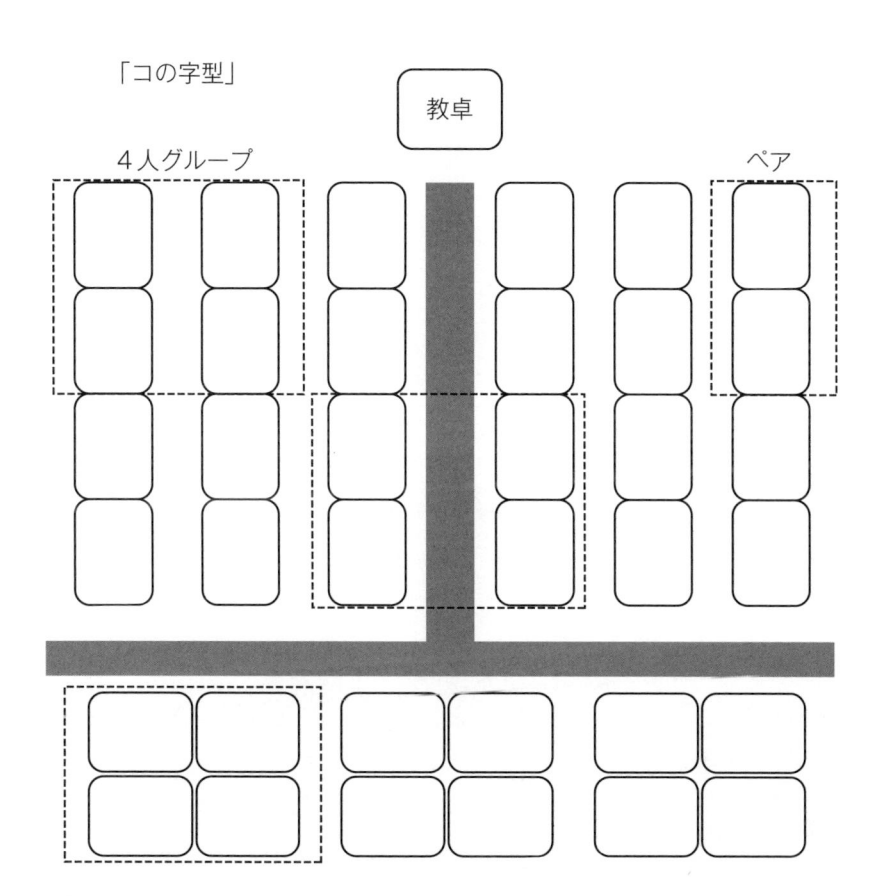

2 活動によって3つの座席配置を使い分ける

この「コの字型」の座席配置は，授業の中の活動に応じて他の座席配置に容易に移動させることができます。大きく机を移動させることなく，少し向きを変えるだけの労力で済むため，効率的なシステムと言えます。

例えば，次ページに示したような，「4人グループ型」や「一斉授業型」への転換を行うことができます。

「4人グループ型」は，**生徒同士が課題を探究する際に活用します**。後ほどお話しするファシリテーション等の対話活動の場となります。この配置の場合には，4人グループ内の配置にもポイントがあります。それは，**男女が市松模様になるよう配置すること**です。

男女がクロスした状態になることで，男子同士，女子同士の偏った話し合いを防ぎ，自然な形での男女の対話を成立させます。

また，「一斉授業型」は，教師の方に全員の生徒の身体が向いているので，**教師による範読や読み聞かせ，説話等の活動の際に活用すると効果的**です。この配置では，どうしても教師と生徒とのやり取りが中心となるので，他の2つの配置よりも，緊張感が増すことになります。ですから，生徒同士の活動をさせたいときには，この配置では行わないようにします。

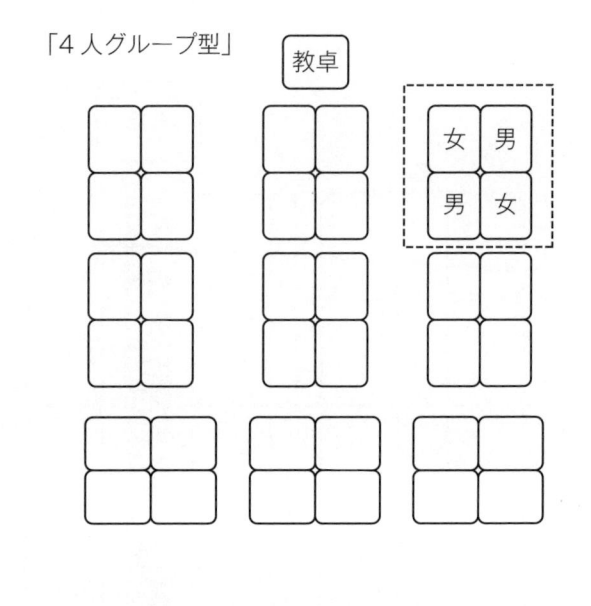

「4人グループ型」　教卓

女　男
男　女

「一斉授業型」　教卓

　この変形が容易な３つの座席配置（**スリーシステム座席配置**）をまとめると次のようになります。活動の目的に合わせて使い分けをすることが大切です。

●**コの字型**
　基本的な配置。お互いの意見を聞きながら，学級全体で道徳的価値を深めていく際に活用すると効果的。

●**４人グループ型**
　生徒同士で課題を探究する活動（ファシリテーション等）において活用すると効果的。グループ内は男女の市松模様で構成。

●**一斉授業型**
　教師の話を聞いたり，教師が中心となって生徒の考えを聞いたりする活動において効果的。

　使う場面を間違えると逆効果になる場合があります。例えば，学級全体で意見を交流したいときには「コの字型」を用いますが，生徒同士が交流した際に活用した「４人グループ型」のままで意見交流を行う場面をよく見ます。
　どうなるかおわかりですね。
　グループ内の生徒の顔が見え，対話しやすい環境であるため，小声で私語が交わされるようになります。
　活動によって，座席配置の切り替えをこまめに行うことが大切です。他にも座席の配置は様々ありますが，まずは，このスリーシステムを使いこなすことから始めてみましょう。中学生は，このシステムに慣れてくると，自分たちから座席配置の転換を要求してきます。「先生，４人グループにしていいですか？」「席を戻していいですか？」。こんな声が聞こえてきたら，幸せですね。道徳授業が生徒主体のものに変わってきた証拠です。

9 ペアトークで議論を始める

1 「確認・安心トーク」と「探究・ワクワクトーク」を使い分ける
2 「役割トーク」と「自由トーク」を使い分ける

1 「確認・安心トーク」と「探究・ワクワクトーク」を使い分ける

　ペアトークは，隣の座席の人と2人だけで話し合う最少人数の生徒間対話です。どちらかが必ず話し，どちらかが必ず聞き手になります。生徒全員が対話活動を行うことができる最小単位の対話形態です。**横の人と話すところがポイント**です。対面の相手と話すと目と目が合い，緊張感が増しますが，横ですと横顔を見ながらになるので，リラックスした気持ちで話すことができます。そして，第1章で確認した「傾聴三原則」や「オウム返し」などを活用することで話し合いをより充実したものにすることができます。

　このペアトークには，話し合いのねらいから2つの活用方法があります。「確認・安心トーク」と「探究・わくわくトーク」です。

●**確認・安心トーク**
　あらすじ確認や登場人物の心情把握レベルの話し合いで活用

●**探究・わくわくトーク**
　1つのテーマや課題を2人で対話しながら解決する話し合いで活用

　「確認・安心トーク」は，授業の前半で用いることが多く，中学生にとっては"わかり切ったこと"である教材のあらすじを確認したり，登場人物の気持ちを聞いたりします。このトークは，**安心して次の活動に進むためのトーク**です。したがって，そんなに時間をとる必要がありません。30秒から1分で十分です。教科化以前の授業では，ここに多くの時間を費やしていたので，賢明な中学生たちは，道徳に物足りなさを感じていたのです。

　一方，「探究・わくわくトーク」は，**教師から投げかけられた発問について，2人で探究していくためのトーク**です。言い換えるならば，道徳的価値を深めていくためのトークと言ってもよいと思います。ですから，中心場面の登場人物の言動を考える中心発問や補助発問において活用すると効果的です。トーク時間も2〜3分程度必要になってきます。

2　「役割トーク」と「自由トーク」を使い分ける

　ペアトークのさせ方には2通りあります。**聞き手と話し手を指定して進める「役割トーク」と指定をしない「自由トーク」**です。「役割トーク」は，全員が自分の考えを伝えるわけですから，その後の交流で多様な考えが出されるので，**意見の「拡散」をねらいとしている**のに対して，「自由トーク」では，お互いの意見を交流させながら対話をするので，**意見の「収束」をねらいとしています。**そして，より考えを深めるために右図のような**「キャタピラ方式」**をとることがあります。一方の列が移動して，ペアを替えていきます。この場合だと6人の人の意見を聞き，自分の考えを深めるとともに，多様な考えに触れることもできます。この場合，1回のトーク時間は1分程度にすると効率的になります。

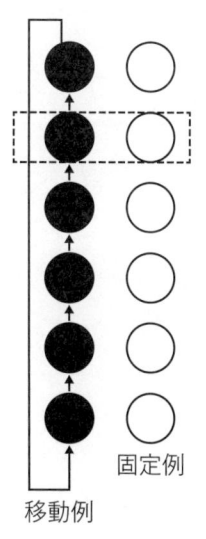

固定例

移動例

10 オープンクエスチョンで議論を深める

1 「切り返し」や「問い返し」の手がかりとする

授業研究会や研修会の折に，必ずと言ってよいほど出されるのが「切り返しの発問はどのようにしたらよいでしょうか」という質問です。生徒の発言に共感し認めた後，もう少し生徒の考えを聞きたいというときに経験が浅い教師は，どんな発問をしてよいかわかりません。そこで参考にするとよいのが，以下のような「オープンクエスチョン」です。

もっと詳しく教えてください。	それはどうしてですか？
例えばどのようなことですか？	それはどういう意味ですか？
わけを教えてください。	どうしてそう思ったんですか？
逆に○○はどうですか？	他にはどうですか？

このように，**1つの発問で話題がどんどん広がっていく問いかけのことを**オープンクエスチョンといいます。普段の授業や日常生活の中で意識して使うようにすると，自然な形で言葉が出てくるようになります。これらの言葉を，切り返しや問い返しの手がかりとすることをおすすめします。「だれですか」とか「いくつですか」といった一問一答式の発問だけでは広がりは望

めません。

2 対話の場面での話題を広げるツールとして活用する

オープンクエスチョンは，生徒間の対話でも大いに活用できます。ペア学習でも有効ですが，４人でのグループ学習の際に大きな効果を発揮します。中学校のグループ学習で次のような光景をよく見ます。順番に自分の考えを伝えて，全員が話し終えたら何もしゃべっていないという悲しい光景。これは話し合いではなく情報交換です。**1人の人の発言に対し，他の3人がオープンクエスチョンを使ってどんどん考えを広げるとともに，新しい考えを引き出すことが大切**です。

しかし，生徒がオープンクエスチョンを使おうと思っても，なかなかすぐには言葉が出てきません。オープンクエスチョンを使ったトークの練習が必要です。

まずはペアから始めます。テーマを決め，一方が話し手，一方が聞き手となり，聞き手の生徒には「オープンクエスチョン」のみで質問をさせます。例えばテーマが「今日の出来事」の場合，次のようになります。

---

①生徒A　今日は何があった？　　⑥生徒B　みんなが頑張ったから。

②生徒B　合唱の練習をしたよ。　⑦生徒A　もっと詳しく教えて。

③生徒A　どうだった？　　　　　⑧生徒B　難しいところのハーモ

④生徒B　とっても楽しかった。　　　　　　　ニーがそろったからだよ。

⑤生徒A　どうして？　　　　　　⑨生徒A　よかったね！

こうして，朝や帰りの短学活等の時間を利用して練習を積み重ねていくと，自然に質問ができるようになっていきます。

積み重ねが大事です。

11 消えていく発言を「見える化」する

ポイント

1 付箋紙や A5サイズの用紙を効果的に活用する
2 ミニホワイトボードを日常的に活用する
3 ファシグラで小さな意見を拾いまくる

1 付箋紙やA5サイズの用紙を効果的に活用する

道徳授業のほとんどが言語活動で成り立っています。そして、その中でも対話による話し合い活動が重要な意味をもっています。ところが、言葉による対話というのは、目に見えるものではないために瞬時に消えていってしまいます。これを「見える化」すれば、話し合い活動の全体像を把握するとともに、焦点化した話し合い活動につなげていくことができます。

では、どのように「見える化」していったらよいのでしょうか。それは**「文字化」**することです。これまでも、ワークシートを活用し、自分の意見を文字化してきました。でも、これは自分自身のための「見える化」でしかありません。いわば「おひとり様用」です。話し合いというのは、複数で行うものですから、だれもが目に見えるものでないといけません。そこで、活用してほしいのが、**付箋紙と A5サイズの用紙**です。

付箋紙の活用

最初に紹介するのが、市販されている付箋紙です。付箋紙の最大の特徴は「貼付可能でしかも移動が自由」ということです。つまり目に見える形で意

見を自由に移動させることができるということです。

　私がおすすめするのは7.5㎝×7.5㎝サイズの付箋紙です。ある程度大きな文字が書け，複数行記述できるスペースが確保されているからです。この付箋紙を**ブレインストーミングやKJ法等で活用します。**1枚の付箋紙に1つの考えを記入します。発問に対して1つの意見ではなく，自分が考えるすべての意見を記入させます。ワークシートだと1枚の紙に集約されてしまいますが，付箋紙であれば**分離させたり，同じ意見を集めてカテゴライズしたりすることが可能**になります。そして，何よりも**これまで消えていってしまった少数の意見も目に見える形で残しておくことができます。**詳しくは本章の13をご覧ください。

> **付箋紙の活用のポイント**
> ・貼付と移動が自由自在にでき，意見の分離・集約が可能となる
> ・少数意見を目に見える形で残すことができる
> ・ブレインストーミング，KJ法にきわめて有効

A5サイズ用紙の活用

　次は，付箋紙より大きなA5サイズ用紙の活用です。発問の後，自分の考えを要約した文を少し太めのマーカーやサインペンで記入させます。

> **A5サイズ用紙活用のポイント**
> ・少し大きめの字で要約した考えを記入させる
> ・ペアや4人グループ学習の中で，用紙を見せながら話をさせる
> ・話し合い後は，黒板やホワイトボードに貼付する

この用紙も，付箋紙同様に1枚の用紙に1つの考えを書かせます。複数枚を生徒に渡しておきます。記入後は，ペア学習や4人グループの話し合い活動の際，この用紙を見せながら対話をさせます。視覚から入る情報と聴覚から入る情報とで，より深く他者の考えを知ることができます。また，付箋紙と同じく，分離や集約が容易にできます。

そして，この用紙の最大の強みは，そのまま板書に活用できる点です。学級全体での意見交流の際，生徒が発表した後にこの用紙をそのまま黒板に貼りつけます。**文字が大きいので十分に読み取ることができます。**板書する時間も省略することができ，話し合いの時間を十分に確保することができます。

2 ミニホワイトボードを日常的に活用する

付箋紙やA5サイズ用紙は，個の意見を「見える化」するために活用しますが，ここで紹介するミニホワイトボードは，ペアやグループでの考えや，話し合いの記録を「見える化」します。

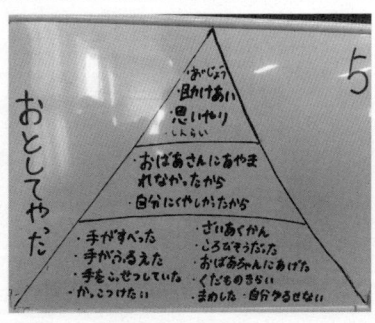

ミニホワイトボードは画用紙程度の大きさのもののことを指しています。100円均一ショップで販売されているようなもので十分です。

・ファシリテーターが話し合った内容を短い言葉にして記入する

・小さなつぶやきも，ホワイトボードに書き込んでいく

　最も効果的な使い方は，ペア学習や4人グループでの話し合いの際に，**1人がファシリテーターとなり，話し合った内容をどんどん記入していく方法**です。このホワイトボードは，生徒が主体的に対話しながら探究した記録として捉えることができます。このボードにはマグネットがついているものも多く，黒板に貼りつけることで，話し合いの結果を学級全体で共有することもできます。ここで気をつけなくてはならないのは，ミニホワイトボードにペアやグループとしての考えをまとめてしまうことです。道徳は自己を見つめる教科です。**あくまでも個としての考えを大切にします。**

3　ファシグラで小さな意見を拾いまくる

　ファシグラとは，「ファシリテーション・グラフィック」のことです。**話し合いの内容を，グラフィックを使いながらリアルタイムに「見える化」していく方法**です。場を活性化させ，議論を深め，共感や相互理解をうながすことができます。

　そのために，図式や矢印，簡単なイラスト，思考ツールなどを使って，話し合った内容を構造的に表していくことが大切になります。

　中学生でも，日常的にミニホワイトボードを活用することで，ファシグラの腕がかなり上達してきます。特に思考ツールを活用させると簡単に構造的なグラフィックができ上がります。「生徒には無理かな…」と考えるのではなく，「きっとできる」という考え方で，まずは生徒にやらせてみましょう。すごいことになりますよ。生徒の可能性は計り知れません。

12 思考ツールで多様な考えを
交通整理する

1 用途に応じた思考ツールを活用して話し合いを進める

　様々な意見を整理したり，新しいアイデアを出したりするなど，思考する際に活用する様々な手法のことを「思考ツール」と言います。中心発問に対する話し合いをペアや4人グループで進める際に，この手法を用いることで，意見が目に見える形で整理されていくため，生徒の思考も整理され，発問に対する自他の価値観を捉えやすくなります。

　特に，学習指導要領に示された「特別の教科　道徳」の目標の中に明示されている，「物事を広い視野から多面的・多角的に考える」という活動を支える手法として極めて有効なものとなります。なぜなら，思考ツールは多面的・多角的な考えを整理，分類，比較するのに大変適しているからです。たくさんあるツールの中から，その一部を次ページに掲載しました。

　生徒がペアやグループでの話し合いをする際に，この思考ツールを活用することで，生徒間に自然に対話が生まれ，「問い」を解決していこうとする主体的な姿勢が育ってきます。そして，その活用については，**各々の思考ツールの特徴を生徒に学ばせるとともに，話し合いのねらいに応じたツールを選択させることが必要となってきます。**生徒の力を信じてやらせてみましょう。

2 思考ツールの分類カードを生徒に持たせる

思考ツール活用カード
ペアやグループでの話し合いのときに活用してみましょう！

比較する ベン図	分類する Xチャート	多角的に見る フィッシュボーン図
関連づける イメージマップ， コンセプトマップ	構造化する ピラミッドチャート	評価する PMI分析表

　思考ツールは実際に使用してみることで，そのよさや特徴がわかってきます。そこで，上記のようなカードを全員に配付します。裏面には，「10　オープンクエスチョンで議論を深める」で説明したオープンクエスチョン例を印刷しておくと一石二鳥です。ペア学習やグループ学習の際は，このカードを参考にさせてファシリテーションを進めさせます。

ベン図

　ベン図は，2つのものを比較して相違点や共通点を見出そうとするときに活用します。第1章で紹介した「一冊のノート」の場合，右の図のようなベン図が完成します。僕と祖母の考え

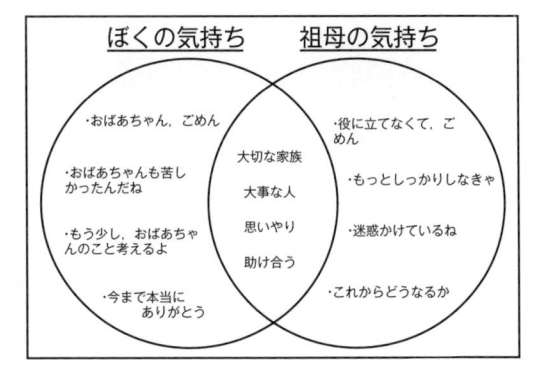

を比較して相違点や共通点をさがし出します。

Ｘチャート

このツールは，多面的・多角的な考えを整理する際に有効なツールです。「一冊のノート」の中心発問の場合，生徒の意見を右図のように分類します。このツールは４つですが，３つに分類するのであれば「Ｙチャート」，５つならば「Ｗチャート」という具合に使い分けることも大切です。

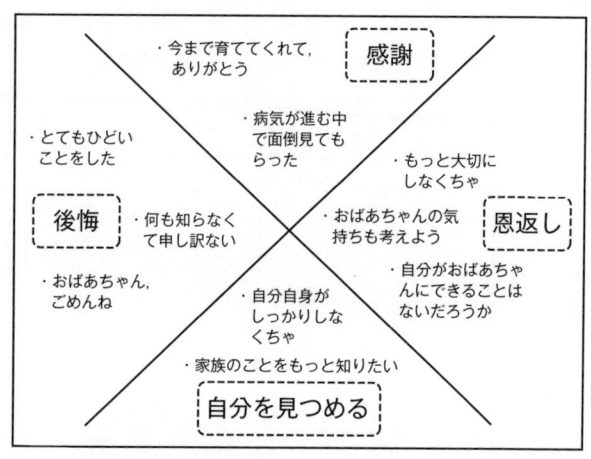

フィッシュボーン

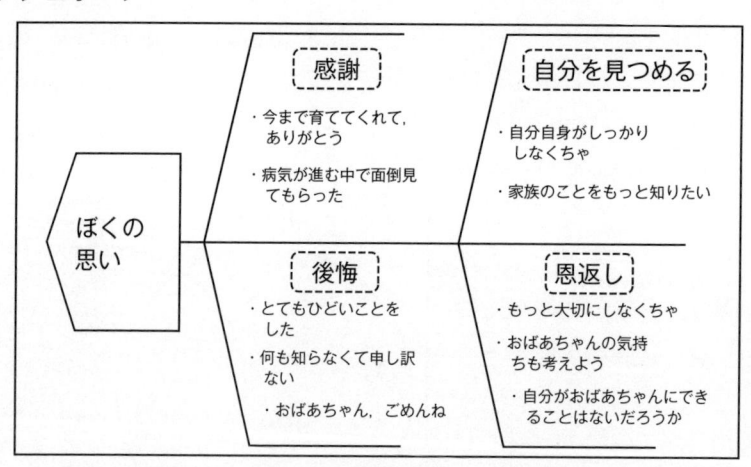

このツールも多面的・多角的な考えを分類・整理するのに適しています。頭の部分にはテーマや中心発問を記述するようにします。

イメージマップ

このツールは，生徒の多様な考えを分類しながら関連づけし，イメージを広げていくときに活用します。右図のように，1つのテーマから考えがどんどん深まっていきます。どんな小さなつぶやきであっても拾い上げ，関連づけていくことが大切です。

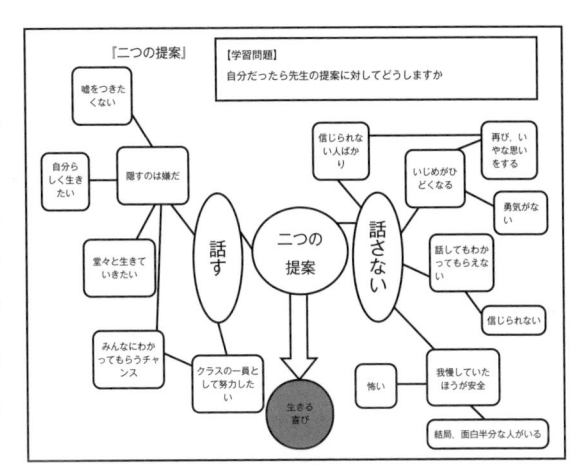

ピラミッドチャート

このツールは多様な個々の考えをグループや学級全体の考えとして高めたり，焦点化したりする際に有効なツールです。下位層には生徒個々の多様な考えを記入します。中層には，それを分類したり比較したりした内容を記述します。そし

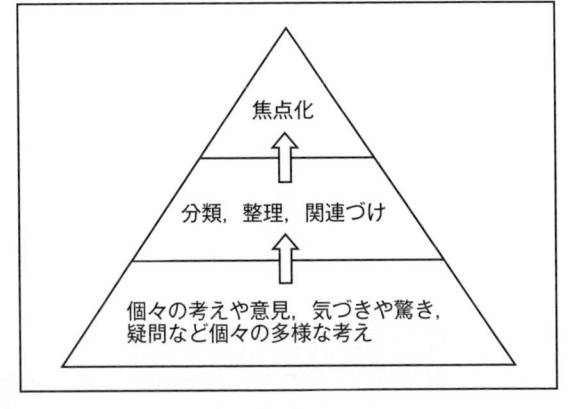

て，上層はグループや学級で話し合いをして焦点化した内容を記述します。拡散した考えを収束に向かって進める際，大きな効果を発揮します。

PMI 分析表

1つの場面についてP（プラス・よい点），M（マイナス・悪い点），I（インタレスティング・おもしろい点）を記入する際に有効なツールです。

13 ファシリテーションで 多様な考えを引き出す

ポイント

1　ブレインストーミングとKJ法で少数意見をすべて拾う
2　模造紙やミニホワイトボードミーティングで考えを広げる
3　ワールドカフェ方式で他者の多様な考えを知る

1　ブレインストーミングとKJ法で少数意見をすべて拾う

これまでも道徳の授業では，様々な話し合いが行われてきたものの，次にあげるような問題がありました。

・一部の人の意見だけで授業が進行していく

・グループ学習は，自分の意見を言うだけの情報交換の場となっている

・他の人と違った意見が言いにくい雰囲気がある

こういった問題を解決する1つの方法として「ファシリテーション（facilitation）」があります。ファシリテーションとは，**人々の活動が容易にできるよう支援し，うまくことが運ぶよう舵取りすること**を指しています。具体的には，ペアやグループによる話し合い活動において，質問によって意見を引き出したり，合意に向けて論点を整理したりする活動のことを意味しています。このファシリテーションが道徳の授業での話し合い活動の在り方を大きく変えてくれます。

まず，ブレインストーミングとKJ法について説明しましょう。

●ブレインストーミング

　付箋紙（7.5cm×7.5cm程度）を用意します。生徒は，発問に対する考えをできるだけたくさん書くよう指示をします。1枚の付箋紙に1つの考えとします。この方法では質より量が重視されます。

●KJ法

　文化人類学者である川喜田二郎氏が考案。ブレインストーミングで出された多くの考え（付箋紙）を，同じ系統のもので集め，その集まりにタイトルをつけさせます。

ブレインストーミング　　　　　　　　　KJ法

　中心発問後，ブレインストーミングによって，生徒一人ひとりの多様な考えを，目に見える形で出させます。そして，その考えをKJ法によって分類・整理することによって生徒の考えが焦点化されてきます。

　ここで，大切なポイントが2つあります。

・KJ法は立って行う（効率化とより自由な話し合い実現のため）
・分類・整理したグループにタイトルをつける（思考の整理のための活動，自然と対話が生まれてくる）

分類・整理され，焦点化された考えは，学級全体で話し合うことにより，道徳的価値についての深い学びへとつながっていきます。この手法は，慣れてくれば10分程度で完了することができ，生徒の参加度を上げるとともに，少数の意見を逃すことなく議論に結びつけることができます。**付箋紙に名前を記入させれば評価に活用することもできます。**

2　模造紙やミニホワイトボードミーティングで考えを広げる

　これまでお話ししてきた傾聴三原則やオープンクエスチョンなどの対話のスキルや思考ツールなどをフルに活用したファシリテーションを実践していくと，これまでの先生主導の道徳との違いがはっきりと認識できてきます。生徒と一緒に考えるという指導スタイルが体感できます。ここで説明するファシリテーションは，**主体的・対話的な「議論する道徳」を実現していくための１つの大きな道標**となります。

①模造紙かミニホワイトボードを４人グループに１枚用意する。

②ファシリテーターを１人決める。

③ファシリテーターは，他の３人の対話を聞きながら，その内容を思考ツールなどを使いながら分類・整理し，模造紙やミニホワイトボードに記入する。

④対話の中では，オープンクエスチョンを使い，話し合いを深める。

⑤議論の後半では，問題解決へのキーワードを見つけさせ，赤や青ペンで強調させる。

⑥ワールドカフェ方式により，他のグループの考えを知る。

3 ワールドカフェ方式で他者の多様な考えを知る

①自分のグループのファシリテーションが完了したら，他のグループの
結果を参観に行きます。
②１人はグループに残り，参観者に対して簡単な説明をします。
③時間内にできるだけたくさんのグループの話し合い結果を参観しま
す。
（学びのあった考えにシールや星印をつけることもあります）
④自分のグループに戻り，学んだことを確認し合います。

　このワールドカフェ方式は，**学級全体の中のどんな小さな意見も逃さず，一つひとつの考えを大切にします。**そして，そうした活動を通して，他者から学ぶという姿勢が育ち，多面的・多角的な話し合いが実現します。
　道徳科においてのファシリテーションは，主に中心発問の場面において行うと効果的です。多様な考えが出され，それが大きく拡散していくのと同時に，整理・分類され，道徳的問題が焦点化されていきます。ただ，指導展開の中の位置づけについては，指導のねらいや学級の状況によって様々な活用が考えられます。明確な指導観の中で最も効果的な場面で活用されることを期待します。

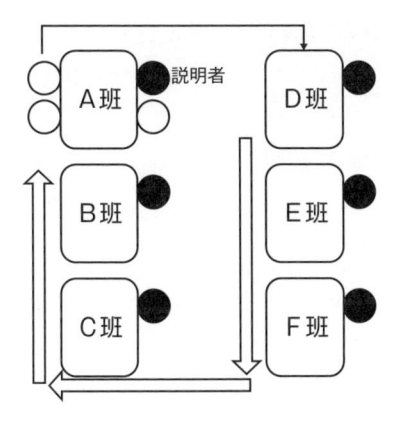

14 自我関与させることで 本音を引き出す

ポイント

1 「もし自分だったら…」と考えさせる
2 授業後半の自我関与は自分の生き方をリンクさせる

　文部科学省は，「自我関与が中心の学習」を「教材の登場人物の判断や心情を自分との関わりにおいて多面的・多角的に考えることを通し，道徳的諸価値の理解を深めることについて効果的な指導方法であり，**登場人物に自分を投影して，**その判断や心情を考えることにより，道徳的価値の理解を深めることができる」としています。

1 「もし自分だったら…」と考えさせる

　自我関与は，以下の2種類があると考えましょう。

> 展開の前半…登場人物に自分を投影する自我関与
> 　　　　　　（もし自分が〇〇だったらどうするか）
>
> 展開の後半…教材を基にして自己を見つめる自我関与
> 　　　　　　（今日の教材や授業から自分は何を学んだか）

　1つめは，登場人物に自分を投影して，その判断や心情を考えさせる自我関与です。展開の前半部分で，教材の中の登場人物に感情移入し，他人事で

はなく，自分事にして本音を語らせます。つまり，**登場人物になりきって「自分だったらどうするか」「自分はどう考えるか」を考えさせます。**

　かつて，「もしも自分だったらどうするか」という発問をしてはいけないと言われていたことがあります。当時の道徳の授業には，生徒が本音で自分の思いを言いにくい雰囲気がありました。先生は自分が意図する答えに向かって授業を進めたいとの思いが強く，生徒から様々な意見が出過ぎるとまとまらなくなるため，自分の意見ではなく「登場人物はどう思うのか」を考えさせたのです。しかし，教科化と同時にこのような考えを改め，「自分だったらどうするか」を考えさせ，たくさんの本音を出させ，多面的・多角的な議論をしていく必要があります。

> **発問例**
> ・どうして主人公は○○という行動を取ることができたのだろう？
> ・主人公はどういう思いをもって△△という判断をしたのだろう？
> ・自分だったら主人公のように考え，行動することができるだろうか？
> ・自分が主人公だったら，どうするだろうか？

　ただ，気をつけなくてはならないことがあります。どのような教材でもこうした発問をすればよいというわけではありません。例えば，「もし自分が杉原千畝だったらどうしますか」というような発問がなされる授業を目にすることがありますが，時代背景が違い過ぎますし，杉原千畝になりきって考えるのは生徒にとって難しいことです。同じような経験がなく，生徒から遠くかけ離れた世界にいる人物の教材では，「もし自分だったら」という発問での自我関与は避けるべきです。

2　授業後半の自我関与は自分の生き方をリンクさせる

　もう１つは，授業の後半に行われる自我関与です。振り返りの場面で行わ

れる自己内対話が大きな意味をもっています。**本時の授業を振り返り，道徳的価値を自分との関係で捉えたり，それらを交流して自分の考えを深めたりする活動**のことを指しています。

> **発問例**
> ・今日の学習を振り返り「誠実」についてどんなことを考えましたか？
> ・主人公の生き方からどのようなことを学びましたか？
> ・今日の学習を通じて学んだことはどのようなことですか？

　振り返りは，１時間の授業を顧みて自分自身の考え方や生活とリンクさせながら自己内対話をすることにより，生徒自身が納得解を確認する大切な活動です。「感想を書きましょう」という漠然とした発問ではなく，「今日学んだこと」を意識させる発問をしましょう。そして，その後の意見交流の時間の確保が大切です。自分とは違う納得解を知り，他者に学ぶ貴重な時間です。
　以下は，自我関与をさせる場合の留意点です。

即時評価をしない

　生徒の発言に対して，「そうだよね」「先生もそう思います」などと即時評価をしないことです。生徒は「あれがいい意見なんだ」と気づき，本心ではないことを言い始めるからです。つまり，即時評価をすると自我関与をしなくなり，他人事になってしまうからです。

場面設定をしっかりする

　あいまいな場面設定で自我関与をさせると，生徒がいろいろな場面を勝手に想像して語り始め，収拾がつかなくなることがあります。

ねらいをしっかりもつ

　自我関与で自分を登場人物に投影していくと，様々な意見が出てきて，価値が広がっていきます。授業のねらいから外れないよう留意します。

　1時間の授業の中での自我関与を，教材「言葉の向こうに」（文部科学省『私たちの道徳　中学校』）を例にしてまとめると以下のようになります。

主な学習活動	指導上の留意点と自我関与
1　ネットやSNSを利用するときに気をつけていることを発表する。 ・個人情報に気をつけている ・友だちの悪口を書かない	・学習前のネットに対する考えを確認する程度とする。
2　あらすじを確認し，「私」の言動について話し合う。	・教材は事前読みとする。 ・あらすじ確認は手短に行う。

> **中心発問**
> 　「私」はどのような考えから「すごいことを発見した」と言ったのでしょうか。「私」になって考えましょう。

○自分の考えをまとめ，小集団や学級全体で話し合う。 ・感情的になってはいけない ・相手のことを考えて発信する ・心を通わせることが大切	**登場人物への自我関与** ・個人の考えを付箋紙に書かせ小集団でその考えを分類させる（KJ法）。その後，学級で意見を交流させる。
3　役割演技を行い「公正・公平」な行動について考える。 ○母親と「私」の立場になって役割演技をしましょう。　**役割演技を通しての自我関与**	・役割演技を行うことにより，価値観を焦点化させる。
4　学習を振り返る。 ○今日の学習を通じて学んだことを発表しましょう。　**納得解につながる自我関与の発問** ・自分だけで物事を判断せず，相手のことを考えた行動が大切	
5　教師の説話を聴く。　**振り返りで，道徳的価値と自己の生き方を結びつけて考える自我関与**	

15 簡易アナライザーで
心の葛藤を「見える化」する

ポイント

1　二項対立の立場を示すアナライザーを活用する
2　ネームプレートの活用で立場を示させる
3　心情円盤で葛藤の割合を示させる

　中学校の道徳の授業では，登場人物の心の葛藤場面を中心発問としたり，主人公の行為の是非を問う発問をしたりすることがあります。いわゆる二項対立から道徳的価値を深めていく授業展開です。こうした授業では，生徒がどの立場で発言しているか，どの程度迷っているかを把握しながら議論を進めることが大切です。その際に立場や葛藤の割合を示す道具が必要となります。それが「簡易アナライザー」です。

1　二項対立の立場を示すアナライザーを活用する

　立場を表す簡易アナライザーには様々なものがありますが，古くから使用されているのが，三色の三角柱です。三色の三角柱を重ね，Ａの立場ならば赤，Ｂならば青，迷っている場合には黄が一番上にくるようにして自分の立場を示します。**話し合いが進んで，立場を変えたい場合には，自由に色を変えていきます。**教師は，色が変わった生徒を見逃さず，「なぜ変わったのか」を尋ね，その理由から道徳的価値を深めていくことが大切です。また，黄色の生徒にも積極的に発言さ

せると大きな効果が得られます。

2 　ネームプレートの活用で立場を示させる

　最近は，どの学級にも
生徒個々の名前を記した
ネームプレートが準備さ
れています。これを道徳
の授業で活用します。中
心発問の後，様々な立場
から，その理由を中心と

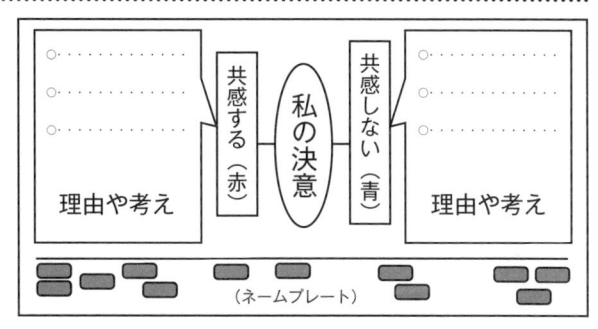

して意見が出されます。その後，自分の考えはどの考えに近いかを示すため
に，ネームプレートを黒板に貼りつけます。**数直線を示しておくと，その割
合まで表現することができます。**

　ネームプレートが黒板に貼られているため，生徒も先生もだれがどの立場
にあり，どれくらい迷っているかを一目で把握することができます。先生が
意図的指名をする際に大いに参考となります。

　以下は，ネームプレートを活用する際の工夫です。

途中で貼り替えをする時間をとる

　議論が進んでいくと，立場を変えたり，自分の考えがはっきりしてきたり
する生徒が増えてきます。そこで，議論の途中や後半にプレートを貼り替え
る時間を設定します。

板書の写真を撮る

　ネームプレートを2枚用意し，1枚は板書された生徒の意見の横に貼って
おきます。最初にプレートを貼ったときに1枚，そして授業後に1枚板書の
写真を撮ります。生徒の変容を把握し，評価に生かします。

3　心情円盤で葛藤の割合を示させる

　葛藤の場面は心が揺れ動いている状態で，どちらの立場にも思いや考えをもっています。そこで，この揺れ動く心の状況を可視化するために，「心情円盤」というツールを使用します。「心情円盤」とは，教材中の登場人物や自己の心の葛藤やジレンマを2色の色の割合で視覚的に捉える円盤のことです。

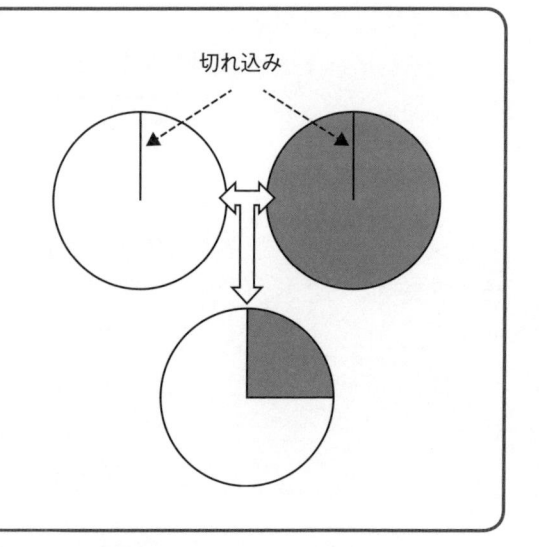

心情円盤のつくり方

①色が違う2枚の円（円盤）を用意します。できれば画用紙等の厚紙で。

②それぞれの円盤に切れ込みを1か所だけ入れます。

③切れ込みと切れ込みを合わせ，2枚を合体させます。

切れ込み

　二項対立を活用した授業は，「対立」が議論の軸になっているため，相手を打ち負かそうとして生徒が深く考えるため，教師にとっても生徒にとっても取り組みやすい授業展開ですが，一方で双方の立場がそれぞれ主張し合うだけで，「対立」のまま議論が進み，あまり道徳的価値が深まらないという課題を抱えています。しかし，この心情円盤は，生徒個々の中の迷いや葛藤を表現するため，1人の生徒が双方の立場の考えを表現することができます。したがって，**「対立」のまま終わるのではなく，収束に向けた解決が図られやすくなります**。ここに心情円盤の利点があります。

　この心情円盤には2つの大きな特色があります。

葛藤の割合を表す

　葛藤の場面においてどのような割合で，心が揺れ動いているかという割合を示すことができ，指導者はその割合を把握しながら意図的な指名をすることが容易にできるようになります。

心の変化を表す

　円盤を可動させることにより，心の変化を捉えることができるようになります。指導者は，変化の著しい生徒に「なぜ大きく変化したのか」という問いを投げかけることにより，道徳的価値の深まりを捉えることができます。

　そして，この心情円盤は，学級全体での意見交流時に先生が活用するだけでなく，ペア学習などの生徒間の対話の際にも生かすことができます。
　以下は，生徒間の対話での生かし方です。

２つの立場からの考えを示す

　道徳の授業で，生徒間の対話をする際に，どちらか一方の立場をとらせて対話をすることが一般的でしたが，この心情円盤では二つの立場の割合を示します。そこで，ペア学習の際には，二つの立場からの考えを示して対話を進めます。

心情円盤を示しながら語る

　生徒間で対話する際には，心情円盤を見せながら語らせることが大切です。なぜ，その割合になるのかというところに道徳的価値を深めるための大きなキーワードが隠れていることがあるからです。

16 教材の事前読みで 議論する時間を確保する

> ## ポイント
> 1 朝の読書タイムや短学活を活用して事前に範読する
> 2 事前読みをしたら，あらすじ確認を対話型で行う

中学校の読み物教材は，小学校のものと比べて長いものが多く，範読するのに10〜15分ほどかかる教材もあります。授業中に範読すると，実際に話し合いができる時間は25〜30分ほどとなってしまいます。そこで，議論する時間を確保し，効率よく授業を進めるために，長い教材は教材の事前読みをすることをおすすめします。

1 朝の読書タイムや短学活を活用して事前に範読する

事前読みをするにもなかなか時間を取ることができませんが，日課の中で**朝の読書タイムや短学活が設定されている学校であれば，その時間を使って教師が範読することができます**。生徒個々の読解力に差もあり，各自の黙読であると十分に教材の内容を理解できない生徒が出てくる可能性があるからです。範読であれば，途中に時代背景や難解な語句の説明も可能です。

こうした時間が難しいようであれば，前日に各家庭において教材を読んでくることになります。この場合は，授業内のあらすじ確認を丁寧に行う必要があります。

よく，「事前に教材を読ませてしまうと，先の展開がわかってしまい，授業を行うのが難しい」という声を聞くことがあります。先を隠すことで何が

得られるのでしょうか。言い方は悪いですが, それは単なる推理ゲームと捉えられても仕方がありません。仮に主人公の行動がわかっていたとしても, そこから学ぶことや考えることはたくさんあります。それこそが教師としての腕の見せどころです。教材研究の成果を発揮する場面でもあります。

2　事前読みをしたら, あらすじ確認を対話型で行う

　事前読みをすることで一番心配なのは, 教材の内容理解が不十分になることです。教科書を確認しながら, しっかりと内容を把握させることが大切です。そのための方法の１つとして**「対話型」のあらすじ確認の方法**があります。内容だけでなく, **中学生なら当たり前にわかっている登場人物の気持ちまで問いかけていきます。**そして, あらすじ確認が終わったらすぐに話し合いに入りましょう。

「対話型」あらすじ確認法
①教科書は机の上に出しておく（内容を確認するため）。
②先生が中心となってあらすじを話す。
③ポイントとなる人物の行動や出来事などについては, 生徒に問いかけして確認する。
　（例）教師　「ぼく」は何を見つけたんだったかな。
　　　　生徒　１冊のノートです。
　　　　教師　どんなことが書いてあったかな。
　　　　生徒　思うように孫の世話をすることができなくなり辛い思いが書かれていました。
　　　　教師　僕はどんな気持ちだったろうね。
④あらすじ確認が終わったら, 教科書は片づける。
　（読み取り中心の道徳授業にしないため）

17 中学生でも効果抜群の
役割演技を使う

ポイント
1 中学生だからこそ役割演技を学級全員で考えさせる
2 ペアインタビューを使って「恥ずかしさ」を取り去る

　文部科学省は,「道徳的行為に関する体験的な学習」について,「問題場面を実際に体験してみること,また,それに対して自分ならどういう行動をとるかという問題解決のための役割演技を通して,道徳的価値を実現するための資質・能力を養うことができる」としています。

1 　中学生だからこそ役割演技を学級全員で考えさせる

　役割演技というと小学校の道徳授業で行う演技指導のようなもので,中学生は恥ずかしがって演技をしないのではないかという声を聞くことがよくあります。大きな誤解です。中学生だからこそ,深い学びにつながる効果的な役割演技が実現できるのです。

　役割演技は,もともとは劇を通して行う心理治療の方法でした。役割演技は,劇化と違い,決められたセリフはなく,即興で教材の中の登場人物になり切って演技をします。ですから,演者の価値観や考え方がストレートに出てくるわけです。究極の自我関与と言ってもよいでしょう。

役割演技…決められたセリフのない即興の演技
劇化…決められたセリフのある演技

この役割演技の中心は，演者であることに間違いはありませんが，**実は主役は，それを見ているその他大勢の生徒（聴衆）**です。そのために，先生（監督）には，演者と聴衆をつなぐという大きな役割があります。先生は傍観者であってはいけないのです。

教師（監督）の役割

①演者と観衆のパイプ役

②演者の支援

　黙ってしまったり，話しすぎたりする演者に対して指導する。

③演技の中断，論点整理（中断法）

　演技の中の道徳的価値に関するキーワードや内容を捉え，聴衆とともに考えるためのファシリテーターを務める。

④演技の方向修正

　演技がねらいから逸れたものになった場合に修正する。

特にポイントになるのが③の役割です。先生は，演者の行った演技の中から道徳的価値にかかわるキーワードや演技内容を捉え，一度演技を中断して，そのキーワードや演技内容について聴衆に問いかけます。例えば，「今，演者が言った〇〇という考え方をどう思いますか？」「今

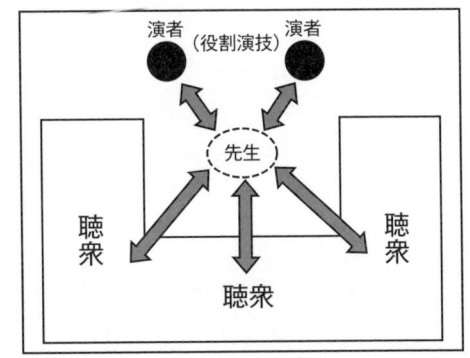

の演者の話し合いを聴いてどんなことを感じましたか？」というような問いかけをします。このようにして，**聴衆と一緒に中心となる場面を考えることが何より大切**です。話し合いを受けて，演技を再開します。最も効果のない役割演技は，聴衆を傍観者とし，演者の演技を単なる発表会にしてしまう役割演技です。

2 ペアインタビューを使って「恥ずかしさ」を取り去る

　役割演技の大切さや効果の大きさはよくわかっていただけたと思います。しかし，演技となると，やはり構えてしまったり，生徒が恥ずかしがったりするのではないかという不安があるかもしれません。そうした際には，「ペアインタビュー」という方法を試みてはどうでしょうか。

> ペアインタビューの方法
> ①インタビューしたい登場人物を決め，生徒を指名する。
> ②その生徒に，登場人物に自分を投影しながら話をしてもらう。
> ③インタビュアーは，先生が行い，意図的な質問をする。
> ④途中でキーワードや道徳的価値にかかわる内容が出てきたら，中断して学級全体で話し合いを行う。

　この方法だと，教師がインタビューをしながら，聴衆とのパイプ役となる監督的な役割も果たすので，話し合いの方向性をしっかりと定めながら，演者や聴衆である生徒の考え方を効果的に引き出すことができます。自分から進んで自分の思いを語る役割演技ができれば一番よいのですが，難しい場合は，この方法を行うことによって，**役割を演じることに慣れさせていくことができます。**

　また，この方法だと，１人の人物だけでなく，複数の登場人物へのインタビューという形で演技を進めることもでき，立場や視点を変えて多角的に話し合いを進めていきたいときに効果的な方法でもあります。

第3章

効率的で濃厚な
教材分析が
もっとうまくなる6の技

18 ねらいを定めるために ひたすら赤ペンで書き込む

ポイント
1 感動，疑問，印象，驚き，発見を赤ペンでマークする
2 オリジナルの授業づくりシートで教材分析のパターンをつくる

　この章では，効率的で濃厚な教材研究についてお話しします。「濃厚」というのは「中身が濃い」という意味で解釈していただきたいと思います。

　教材研究というと，いきなり指導書や赤刷りの教師用教科書が登場し，「内容項目は○○，中心発問は□□と書いてあるけれど，これでいいよね」…という場面をよく見てきました。指導書通りの授業を行っている先生もいらっしゃいます。指導書もよく研究されているものなので悪くはありませんが，もっと大切にしてほしいのは，**指導者自身が「明確な指導観」をもつ**ということです。これがないと，道徳的価値を深めることがかなり難しく，表面的でわかりきったことを話し合う形式的な授業になってしまいます。さぁ，教材と正面から向き合い，効率的で濃厚な教材分析をしてみましょう。

1 感動, 疑問, 印象, 驚き, 発見を赤ペンでマークする

　まずは，教師自身が教材を読み込むことから始めます。ただ漠然と読むのではなく，赤ペンを持って読み込みます。感動したこと，疑問に思うこと，印象的な場面，驚いたこと，新しい発見など，気になるところにラインを引き，コメントを入れていきます（次ページ参照）。

　教科書をコピーし，その用紙にどんどん書き込んでいきます。思うままに

書き込めばよいのです。**難しいきまりやルールをつくると，時間的にも作業量的にも自分自身を苦しめることになります。**

　右の例は，「二通の手紙」（『私たちの道徳』文部科学省）の最後のページへの書き込みの様子です。

　行間に込められた主人公の思いや大きく心情が変化する場面等を考えながら教材と向き合います。指導者自身が教材のことをよく知り抜いていることが，生徒

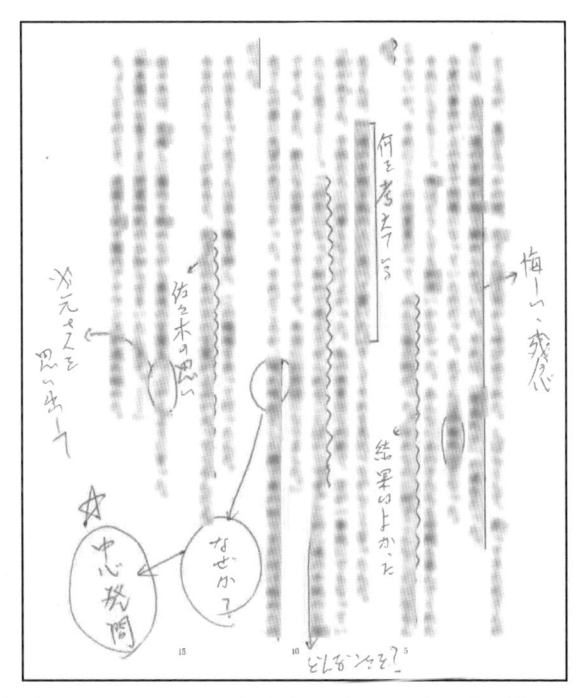

を深い学びへと導いていく条件の1つとなり，指導者自身に明確な指導観が生まれる基礎となります。

・大きく登場人物の心情が変化する場面を捉える。

・主人公が問題をかかえて迷い葛藤する場面を捉える。

・疑問は，生徒とともに考えることができる大切な「問い」となる。

・驚きや発見，印象的な場面などは補助発問を構成する大切な要素となる。

　この書き込みは，この後お話しする授業づくりの貴重な資料となります。教材をしっかりと吟味した分だけ，授業づくりが楽しくなります。

2 オリジナルの授業づくりシートで教材分析のパターンをつくる

　書き込みの教材分析を行った後，それを基にして授業づくりに入ります。しかし，道徳の授業に慣れていない先生は，何から手をつけてよいかわかりません。ですから，冒頭で紹介したように，指導書や赤刷り教科書に頼ってしまうわけです。そこで，次ページにあるような，オリジナルの授業づくりシートを活用して中心発問等を考えます。このシートの活用により**自分なりの授業づくりのパターンをつくることができます**。

授業構想を立てるまでの手順

①**着目する登場人物を考える**
　・大きく心情が変化し，生き方が変わった人物
　・問題をかかえて迷い，葛藤して問題をかかえている人物

②**中心場面を考える**
　・教材のテーマを象徴するような大きな変化のある場面や葛藤する場面を捉える

③**授業のねらいを考える**
　・学級の状況や教材のもつ特性（中心場面）から生徒に考えさせたいねらいを設定する

④**中心発問を考える**
　・着目した人物の心情や生き方の変化から設定する
　・着目した人物がかかえている問題に自我関与し，解決しようとする発問を設定する

⑤**基本発問や補助発問を設定する**
　・中心発問が決定したら，それにつながる基本発問や道徳的価値を深めるための補助発問を設定する

道徳の授業づくりシート　【資料名】＿＿＿＿＿＿＿＿

1　どの登場人物の心の変化に着目するか。

　　（★心情が大きく変化した人物　★問題をかかえて迷っている人物）

2　その変化が起こった場面や問題のある場面はどこか。

3　この資料を通して中学生に何を考えさせるか。（指導のねらいを明確化）

4　この資料は，学習指導要領のどの項目を指導するのにふさわしいか。

5　中心発問を考えてみよう。

　　（★注目している登場人物の心情や生き方の変化　★問題解決のための方向）

6　基本発問や補助発問を考えよう。（考えられるだけ書き込む）

19 付箋紙と模造紙をフル活用する

ポイント

1 まず，初発の感想をブレインストーミングする
2 KJ法で分類し，それを発問に結びつける

研究授業等で学年が一体となって教材分析を行う機会が必ずあります。その授業分析こそ，道徳を学ぶ絶好の機会となります。授業者1人に任せてしまうようなことは絶対にあってはいけないことです。ここでは，学年という複数の教員が集まって教材研究する際の方法について詳しくお話ししていきます。

1 まず，初発の感想をブレインストーミングする

最も効果的で，多くの考えを生かしていく方法を1つ紹介します。まず，**学年での教材分析のファシリテーターを1人決めましょう。**毎回同じ人にならない方がいいですね。そして，先生たちが集まって教材分析する前に準備するものがあります。以下のものを準備しましょう。

□赤ペンで分析した教材（各自）　□模造紙1枚
□デジカメ　□付箋紙（7.5×7.5cmサイズ）
□水性の太ペン（数本）　□筆記用具（各自）
□ホワイトボード

　準備ができたら，各自の分析を基にして，「驚いたこと」「すごいと感じた
こと」「話し合ってみたいこと」「疑問」「感動したこと」「印象に残ったこ
と」など，すべてを付箋紙に書き込みます。もちろん1枚の付箋紙に1つで
す。**「こんなこと…」と思うような小さなことでも，授業で話題にしたいこ
とはすべて記入することが大切**です。小さな考えも拾い上げていくのが，ブ
レインストーミングのよさです。

2　KJ法で分類し，それを発問に結びつける

　ブレインストーミングの後には，同じ内容のも
のを集め，模造紙に貼っていきます。そして，そ
の分類にタイトルをつけます。この活動は立って
行います。**対話が活性化され，スピーディな検討
が可能になります。**

　さらに，この分類に「◎」「○」「△」等の印を
つけます。重要なもの（道徳的価値にかかわるも
の）は「◎」，普通の程度のものは「○」，軽い扱
いのものは「△」とします。ここからは座って授
業の内容をじっくり話し合います。

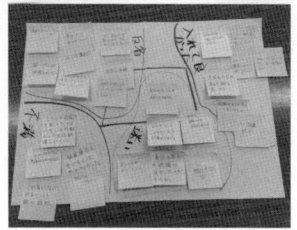

> ① 「◎」を中心にして，何をねらいとするか検討する
> ② 「◎」を中心にして中心発問を考える
> ③ 「○」や「△」を基にして基本発問や補助発問を考える

　この付箋紙と模造紙が授業づくりのための大切な資料となります。学年で
授業構想をする際には，必ず机の真ん中に置き，教材の特徴や本質を見失わ
ないようにします。

20 発問の大きさを 読み物教材の特性から判断する

> **ポイント**
>
> 1　教材が物語的であるか，説明文的であるかを見分ける
> 2　何を問うのかを考える

1　教材が物語的であるか, 説明文的であるかを見分ける

　ひと口に読み物教材と言っても様々な種類の教材があります。「一冊のノート」や「二通の手紙」のような物語性をもった教材もあれば，「絶やしてはならない―緒方洪庵―」（文部科学省 中学校道徳　読み物資料）のような伝記的・説明文的な教材，詩や短歌・俳句，歌詞など，様々な特性をもった教材があります。

　教材研究では，これら教材の特性を捉えて授業づくりをします。特に，発問づくりとの関連について説明しましょう。東京学芸大学の永田繁雄先生は，発問をその大きさから2つに分類しています。

> ●場面発問　→小さな発問
> 　場面ごとに，登場人物の気持ちや行動の理由などを問う発問
> 　例「ノートを見つけたとき，ぼくはどんなことを考えただろう？」
> ●テーマ発問→大きな発問
> 　主題や価値そのものを追求する発問
> 　例「常に全力のイチローの生き方をどう思いますか？」

　この2つの発問を意識しながら授業を組み立てていきますが，教材の特性を把握しておくと，スムーズに設定ができます。

> ●**場面発問に向いている教材**
>   A　物語的な構成…時系列的にお話が展開される教材
> ●**テーマ発問に向いている教材**
>   B　エッセイ的構成…筆者の思いを中心に展開される教材
>   C　説明文的構成…感情や思いが控えめで事実の記述中心の教材
>   D　詩や俳句，短歌など…一語一語に込められた思いが強烈な教材

　もちろん，Aの物語的な構成であってもテーマ発問は設定できますし，Cの説明的構成であっても場面発問は可能ですが，道徳授業に不安のある場合は，スムーズな設定から始めた方が無理なく授業を構成できます。

　また，場面発問は，場面がはっきりしていて限定的・具体的であるため，意見が出やすいですが，テーマ発問は，主題や価値等を扱うため，やや抽象的で広範囲になるため，議論に慣れていない学級では意見が出にくくなるかもしれません。ただ単に言葉だけで議論を進めようとすると，一部の生徒の意見だけで授業が展開される危険性があります。そこで，第2章で説明したように，**考えを可視化してファシリテーションを導入し，登場人物に自我関与させることでその危険性を回避することができます。**そして，場面発問ではたどり着けないような「深い学び」にたどり着くことができます。

　ですから，B，C，Dのような教材を扱う際は，大きな発問であるテーマ発問を中心発問に設定し，生徒のファシリテーション力を伸ばしながら，生徒個々の納得解をめざした問題解決的な議論をつくりだしていきましょう。

> ●**場面発問**　…国語的な読み取りに陥りやすいという面をもつ
> ●**テーマ発問**…抽象的にならないよう自我関与させることが大切

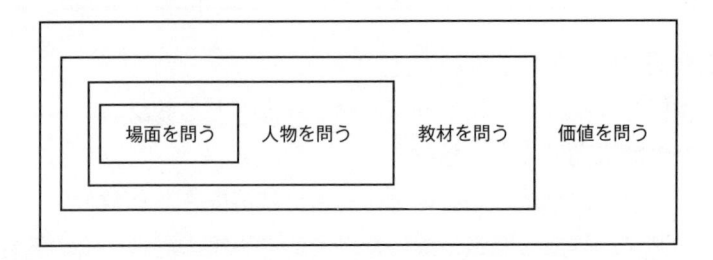

場面発問とテーマ発問という発問の大きさを教材の特性から考えてきましたが，「何を問うか」という視点からも考えることができます。上の図をご覧いただいてわかるように，**場面を問う発問が最も小さい発問で，教材に登場する人物の行動や考え方を問う発問，教材自体についてどう考えるのかを問う発問，価値自体を問う発問の順に，幅が広く，深く考えさせる大きな発問となります。**具体的に教材「二人の弟子」（私たちの道徳 中学校 文部科学省）を例にしてお話ししましょう。

> 「二人の弟子」あらすじ
> 　山寺で修行する二人の若い僧侶。智行はまじめに修行を積み重ねるが，道信は美しい白拍子に心を奪われ出奔してしまう。道信は白拍子に捨てられ，山寺に舞い戻ってくる。そんな道信を許すことのできない智行。上人は道信を優しく許し，智行に語りかける…。

この教材は，明らかにＡタイプ（物語的構成）の教材です。本来なら場面発問が設定しやすいのですが，ここではあえて，人物や教材，価値を問うテーマ発問の具体例も入れて簡易的な指導案を作成してみました。場面を問う発問から価値を問う発問に向かって発問が大きくなっていくことを具体的に感じていただけると思います。実際には４つの発問は１時間の授業では多いのですが，授業をされる際の参考になれば幸いです。

主な学習活動・発問	予想される生徒の反応
小 ↑ なぜ，智行は，涙を流して立ち尽くしていたのだろう？ 【場面を問う発問】	・上人に自分の思いが届かない ・どうしても道信が許せない ・自分の心は狭いのかと考えていたから ・自分のことばかり考えている自分が恥ずかしいから
道信を許した上人をどう思いますか？ 【人物を問う発問】	・とても心が広い人 ・罪を許すことができ，常に先を考える前向きな人 ・人が良すぎると思う
「二人の弟子」からどんなことを学びましたか？ 【教材を問う発問】 （振り返り）	・私も智行のように狭い心をもった人間かなと感じた ・上人のような人間を目指し，多くの人を幸せにしたい
「人を許す」ことについてどんなことを考えましたか？ 【価値を問う発問】 ↓ 大	・「人を許す」には，自分のことより相手のことをまず考えることが大切 ・お互いに前を向いてプラスに考えること

071

　上の指導案では，導入と終末は省略しています。このように，発問を大きくしていくことで，主題や価値に迫ることができ，道徳的価値を深めることができるようになります。

21 ストーリーの「変化」を逃さない

1　物語性のある読み物教材の「起承転結」を見極める
2　「転」や「結」のない教材は問題解決的に展開する

　教材研究で最も時間を使うのが中心発問の設定です。中心発問１つで授業の方向性は大きく変わります。そこで，物語性のある読み物教材で，どのように中心場面を見つけ，どのように中心発問を設定するのかを考えます。

1　物語性のある読み物教材の「起承転結」を見極める

　まず，その物語が「起承転結」になっているのかどうかを見極めます。「二人の弟子」であれば，次のように分けることができます。

> 起…道信は白拍子に心惹かれ出奔してしまう
> 承…道信は白拍子に裏切られ，妻を亡くし，寺に戻ってくる
> 転…上人は道信を許し，寺で修行を続けることを認める
> 結…白ゆりの純白の輝きに圧倒され涙が止まらない

　このうち「転」や「結」は，登場人物の心情や考え，行動が大きく変わる**場面**です。この場面にこそ，生徒とともに考えるべき道徳的価値が含まれています。したがって，この場面を中心場面として捉え，中心発問を考えましょう。「二人の弟子」の場合，「結」の場面で，白ゆりの純白さに圧倒された

智行の心が大きく動きます。ここにこそ，話し合うべき道徳的価値が存在しています。中心発問はこの場面で設定します。この場面は，智行が白ゆりの花の純白さに比べ，自分の心が狭くて醜いものであることを自覚した瞬間です。人を許すということ，寛容について考えさせる絶好の場面です。

> **中心発問例**
> 「なぜ智行は涙を流し立ち尽くしていたのだろう？」
> 「智行は白ゆりの花の輝きを見て，どんなことを考えたのだろう？」

2　「転」や「結」のない教材は問題解決的に展開する

　しかし，読み物教材の中には「転」や「結」のない教材があります。例えば，文部科学省の教材『いつも一緒に』は「結」がありません。

> **「いつも一緒に」あらすじ**
> 　バレー部のレギュラーになったみゆきは，宿題を友だちの真理子にやってもらっていた。そんなみゆきに嫉妬心を抱いた真理子は，恵美と仲良くなり，みゆきを無視するようになる。しかし，恵美の自分勝手な姿を見て，もう一度みゆきとやり直したいと決意する…。

　この教材は，真理子がみゆきと仲直りしようと体育館に向かうところで終わっています。2人の関係は，まだ修復されていません。このような教材は，次のような問題解決的な発問を設定します。「結」をどうしたらよいかを生徒に解決させていきます。例えば，次のような発問が考えられます。

> 「真理子は体育館でどんな話をするとよいだろう？」
> 「二人が本当の友だちになるためには，どうしたらよいだろうか」

22 教材の活用類型をフル活用する

ポイント

1 中心発問からではなく，授業全体を構想することから始める
2 5つの活用類型を参考にして授業展開を構想する

1 中心発問からではなく，授業全体を構想することから始める

「中心発問どうしようか」「どこを中心場面にしようか」といった具合に，道徳の研究授業に向けて学年で検討会を行う際に，真っ先に検討されるのが中心発問です。これはおすすめできない検討パターンです。

家を新築する際に，皆さんは最初に何を考えますか。「間取り」から考えられる方はいらっしゃるでしょうか。その前に考えることがありますよね。家の全体像です。木造の和風にするのか，鉄筋コンクリートの洋風にするのかなど家全体をまず構想します。それと同じように，**道徳の授業もまず全体像を考えることが大切**です。中心発問から考え始めてしまうと，出発点やゴールが見えないままの授業構想づくりとなってしまいます。

まず，素材である教材をどのように生かすかを考えます。1本のマツタケを土瓶蒸しにしたり，マツタケご飯にしたりと調理法が様々あるように，道徳の教材の生かし方も様々です。導入から終末までを見通してどのように活用していくかを考えなくてはなりません。その際に，参考となるのが「教材の活用類型」です。元文部省初等中等局教科書調査官であった青木孝頼先生が示された活用類型です。古いものですが，今でも大いに参考になります。

2　5つの活用類型を参考にして授業展開を構想する

　ここでは青木先生の示した4類型に新しく1類型を加え，皆さんが授業構想しやすいように授業モデルとして再構成し，「教材活用の5類型」としてお示しします。教材研究での参考にしていただきたいと思います。

教材活用の5類型（※詳細は第4章参照）
　　①共感的活用　　　　②批判的活用　　　　③範例的活用
　　④感動的活用　　　　⑤問題解決的活用

---

①共感的活用

　これは，教材中の主人公の考えていること，感じていることを推測させ，共感させることによって，自分の価値観に気づかせ，自覚を促すという意図で教材を活用する類型です。

　この活用類型は，登場人物の気持ちや考えに寄り添いながら道徳的価値を深めていく授業展開です。**これまでの道徳授業で一般的に行われていたスタイルで，心情理解が中心となっている最も基本的な形**と言えます。

　したがって，中心発問では，登場人物の気持ちや考えを問う発問を設定します。**心情が中心となるため，中学生にはわかり切ったことを言わせる授業になりやすく，他の発問と組み合わせることが必要**となります。

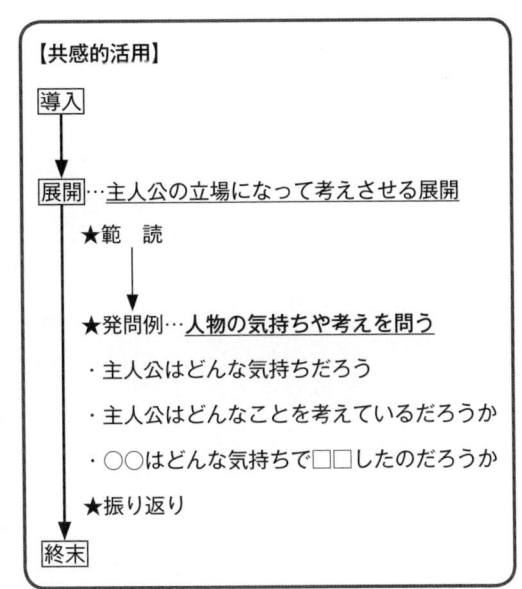

【共感的活用】

導入

↓

展開…主人公の立場になって考えさせる展開

　★範　読

　↓

　★発問例…人物の気持ちや考えを問う

　・主人公はどんな気持ちだろう

　・主人公はどんなことを考えているだろうか

　・○○はどんな気持ちで□□したのだろうか

　★振り返り

終末

②批判的活用

　これは，教材中の主人公などの行為や考え方を子どもたちに批判させ，互いの意見を交わし合わせることを通して，道徳的な考え方，感じ方を深めさせようとする意図で教材を活用する類型です。

　この活用類型では，**学習者である生徒自身が，登場人物の行動や考え方についてどう思うのか，どう考えるのかが中心となって授業が展開されます。**

　そうした意味で，かなり科学的な思考となり，道徳的な判断力を育てるうえで大変有効な活用類型と言えます。

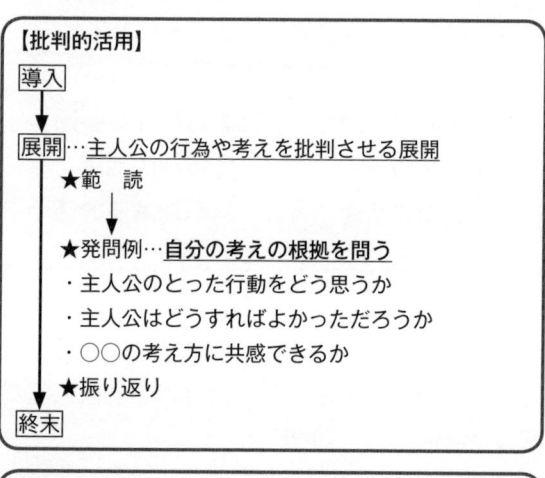

③範例的活用

　これは，教材中の主人公などが行った道徳的行為を，子どもに1つの模範例として受け取らせる意図で教材を活用する類型です。ポイントは**教材から学んだことを中心に授業を展開すること**です。したがって登場人物の行動の原因や理由を分析したり，教材からの学びを共有したりする発問が中心発問として設定されます。

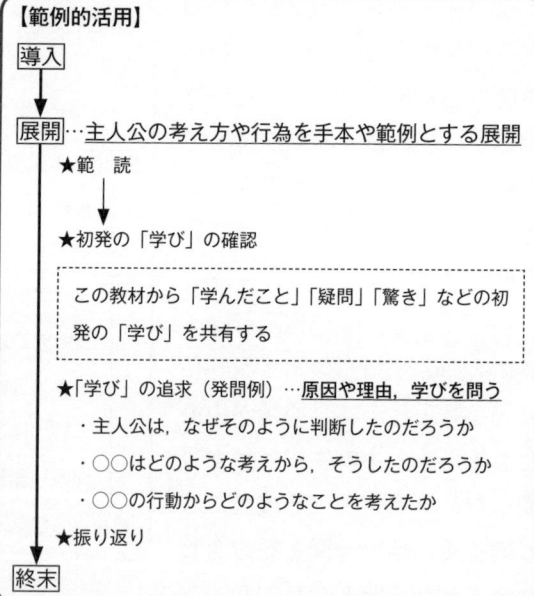

④感動的活用

これは，教材が子どもに深い感動を与えるものである場合に，子どもの感動を特に重視しながらねらいとする価値の把握を意図する類型です。

子どもの「感動」を共有するとともに，その「感動」の理由や根拠を問うような中心発問を設定し，「感動」を道徳的価値にまで深めるような授業展開を構築します。

⑤問題解決的活用

これは，自分たちが立てた「問い」や問題場面などに対して，子どもたち自身が解決の方法を考え，その中で道徳的な価値を深めようとする意図で教材を活用する類型です。

授業の前半で生徒自らが「問い」を立てることにより問題意識を高め，生徒自らがその「問い」を解決していくような授業展開となります。したがって，中心発問は，「問い」の解決に向けた発問となります。

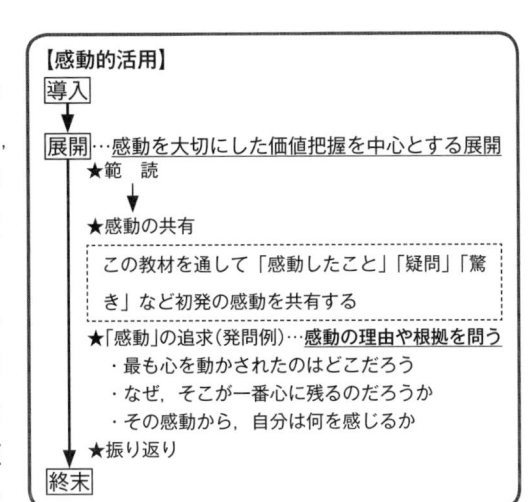

【感動的活用】
導入
↓
展開…感動を大切にした価値把握を中心とする展開
　★範　読
　↓
　★感動の共有
　　この教材を通して「感動したこと」「疑問」「驚き」など初発の感動を共有する
　★「感動」の追求（発問例）…感動の理由や根拠を問う
　　・最も心を動かされたのはどこだろう
　　・なぜ，そこが一番心に残るのだろうか
　　・その感動から，自分は何を感じるか
　★振り返り
終末

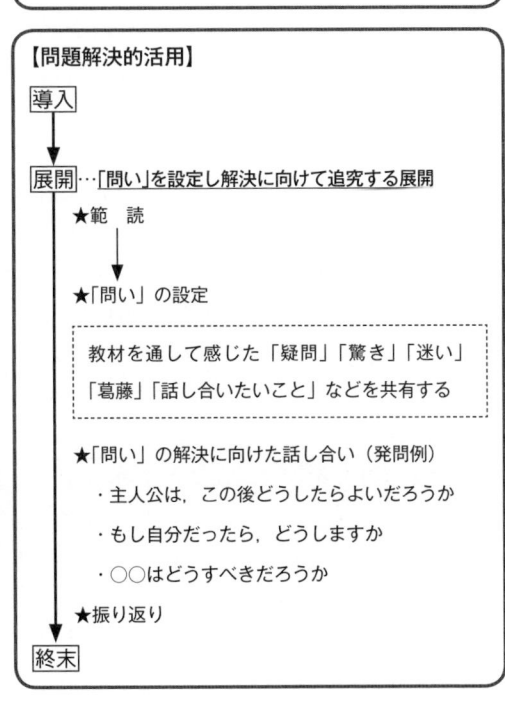

【問題解決的活用】
導入
↓
展開…「問い」を設定し解決に向けて追究する展開
　★範　読
　↓
　★「問い」の設定
　　教材を通して感じた「疑問」「驚き」「迷い」「葛藤」「話し合いたいこと」などを共有する
　★「問い」の解決に向けた話し合い（発問例）
　　・主人公は，この後どうしたらよいだろうか
　　・もし自分だったら，どうしますか
　　・○○はどうすべきだろうか
　★振り返り
終末

23 「遠・近・実・創」の４要素から 授業展開を定める

ポイント

1　子どもの生活に近いか遠いか，実話か創作かを見極める
2　ねらいは４つの要素から定める

1　子どもの生活に近いか遠いか，実話か創作かを見極める

教科書には，様々な教材が掲載されています。これまでは，その教材に物語性があるかどうかというような視点で教材分析の方法について説明してきましたが，ここでは次の２つの視点から教材を捉え，教材分析に生かしていく方法をお話します。１つは，**教材の内容が生徒の生活に近いものか遠いものであるかという視点**。もう１つは，**教材の内容が実話であるか創作であるかという視点**です。この２つの視点をマトリックスにして，中学校で定番となっている代表的な教材を分類してみると，下の図のようになります。

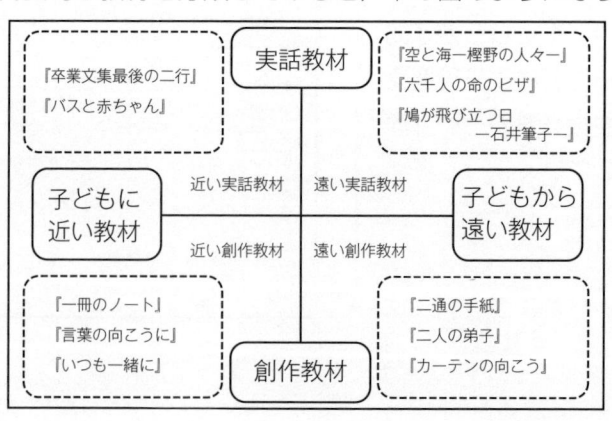

2　ねらいは4つの要素から定める

　東京学芸大学の永田繁雄先生は，このマトリックスで示される4つのタイプの教材の特性から授業の方向性や展開を定めることができるとしており，私たちが授業を構築する際の大きな参考となります。

遠い実話教材…「生き方の指針」としての学びとなるような授業展開

近い実話教材…具体的な「行動の在り方」を学習する授業展開

遠い創作教材…自由な意見交流により多彩な発想を温め合う授業展開

近い創作教材…自己決定の場や問題解決的な学習の場としての授業展開

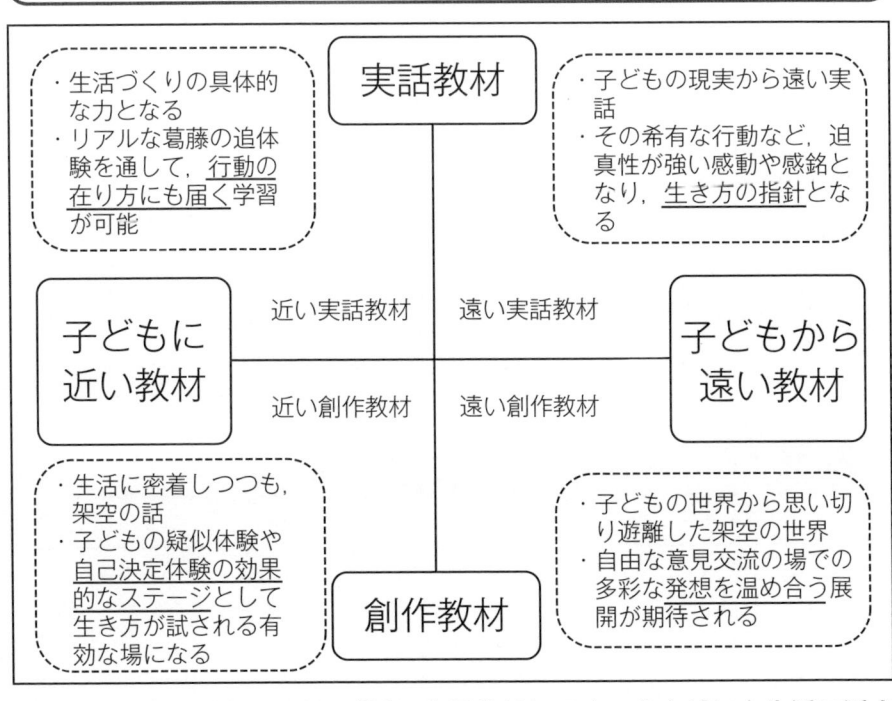

　ここで気をつけたいのは，「近い実話教材」です。**あまりにも生活に近すぎて，生徒が本音で語り合うのを避ける傾向があるから**です。学級の実態を

よく把握して授業展開を考える必要があります。

逆に，その対極にある「遠い創作教材」は，**あまりにも生活からかけ離れているために空想の世界に遊んでしまうような空虚な議論が交わされる恐れがあるので，いかに自我関与させていくかが大きなポイント**になります。

このように，道徳の教科書には様々な教材が配列されています。それら教材が「実話であるか，創作であるか」「子どもの生活に近い内容か，遠い内容か」を判断して，教材研究を進めていくと，おのずと授業展開がはっきりと見えてきて，ねらいが設定しやすくなります。

授業を行う教材が決定したら，その教材が教材群の４タイプのどこに位置するのかを見分け，授業の方向性を決めていきましょう！

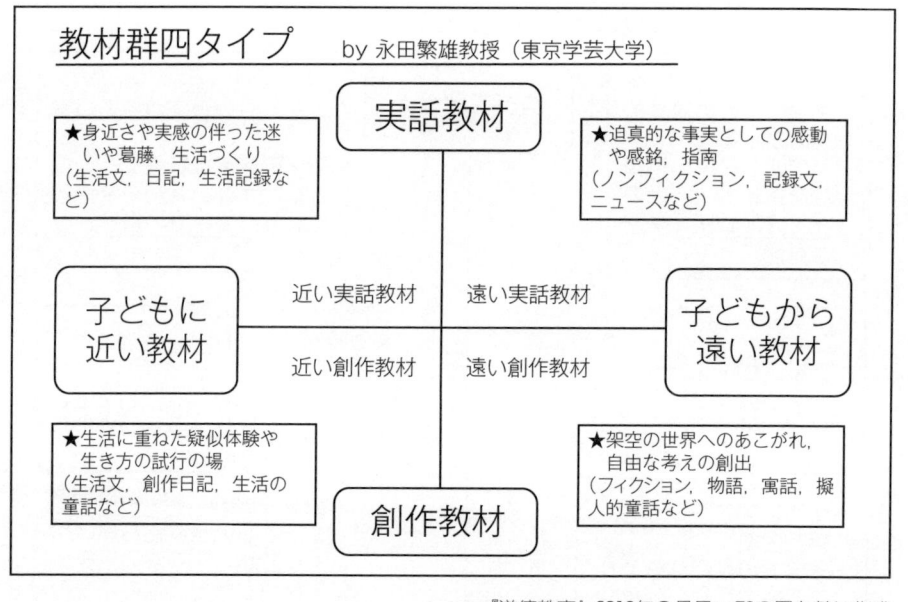

『道徳教育』2016年９月号 p.72の図を基に作成

第4章

明確な指導観を基にした授業構成がもっとうまくなる12の技

24 道徳科の目標から
理想的な授業展開を見抜く

> **ポイント**
> 1　人間の弱さを語る場面をつくる
> 2　多面的に広げて，多角的に収束させる
> 3　振り返りで自己を見つめる

1　人間の弱さを語る場面をつくる

あらためて中学校道徳科の目標をみてみましょう。

> 　道徳教育の目標に基づき，よりよく生きるための基盤となる道徳性を養うため，①道徳的諸価値についての理解を基に，②自己を見つめ，③物事を多面的・多角的に考え，人間としての生き方についての考えを深める学習を通して，道徳的な判断力，心情，実践意欲と態度を育てる。

なかなか頭の中に入ってこない方もいらっしゃるかもしれませんが，実は，この目標の中に，授業づくりの大切なヒントがたくさん隠されています。

> **道徳的諸価値についての理解**
> ・価値理解…内容項目をよく生きるうえで大切なことであると理解
> ・人間理解…なかなか実現することができない人間の弱さなどを理解
> ・他者理解…感じ方，考え方は１つではない，多様であることを理解

　まずは，「①道徳的諸価値についての理解を基に」という言葉です。「道徳的諸価値についての理解」には３つあります。前ページで示した通りです。多くの研究協議会で話題になるのは「価値理解」です。「価値が深まったか」ということが延々と議論されます。しかし，それと同様に大切なのが「人間理解」です。**人間の弱さ，本音の部分を理解することなしに，道徳的価値を議論すると，「うわべだけのきれいな言葉だけを並べた道徳授業」になってしまいます。**授業の中で人間の弱さを確認し合う場面が必要です。例えば，教材「一冊のノート」（『私たちの道徳』文部科学省）であれば，次のような発問が考えられます。

「一冊のノート」あらすじ

　幼いころから面倒を見てくれたしっかり者の祖母は，近頃物忘れが激しくなってきた。季節外れの服装で外出したり，家の中の物を頻繁になくしたりするなど，トラブルが絶えない。ある日，祖母の机上に一冊のノートを見つけると，苦悩しながらも家族のことを一心に思う祖母の強い気持ちが書かれていた。そして，祖母と一緒に草取りを始める…。

発問　「自分が主人公の立場であったら，祖母が変な格好で外出したり，物忘れが激しくなったりしたらどう思いますか」

反応　・いい加減にしてほしい　　・恥ずかしくて仕方がない

　　　・本当に迷惑している　　　・年をとりたくない

　　　・どうしてこんな風になってしまったんだろう

　このように，人間の醜さや弱さを理解することから，次の道徳的な価値の話し合いに移っていくことができます。このような人間理解を基にして人間としてどう生きていくかを議論していくことになります。もちろん，こうした発言が安心してできる学級の風土が大切になります。

2 多面的に広げて，多角的に収束させる

　次に「②物事を多面的・多角的に考え」という言葉です。「多面的・多角的」という言葉を分ける必要はないのですが，あえて「多面的」と「多角的」に分けて考えてみましょう。授業を構想するうえで大いに参考になると思います。さて，この2つ，よく似た言葉ですが，違いがわかるでしょうか。

多面的…ある事象や物事には様々な面があること
　　　　※中心場面において，様々な考え方や見方があること

多角的…ある事象や物事を様々な立場や違った角度から見ること
　　　　※視点を変えて，中心場面を違った立場から考えてみること

　「一冊のノート」で具体的に説明しましょう。例えば，主人公である「ぼく」が祖母の一冊のノートを読み，草取りを一緒にする場面を中心場面として捉えた場合を考えましょう（次ページ参照）。

　中心発問で主人公である「ぼく」の心の変化を考えさせます。そこでは，後悔や反省，感謝の気持ち，これからの希望，そして祖母への共感など，ノートを読んだ「ぼく」の多面的な考え方を捉えさせます。生徒の考えが拡散した状態です。

　そして，今度は立場を変えて祖母の立場からこの場面を考えさせます。**違った立場からのアプローチ**です。ずっと自分と同年代である「ぼく」の立場から考えてきた生徒の思考を祖母の立場にシフトさせることで，双方の立場からの思いやりや感謝などの家族愛を考えさせることが可能となり，道徳的価値が一気に深まってきます。**中心発問で拡散した多面的な考えが，多角的な補助発問によって収束に向かっていきます。**こうして，「多面的」と「多角的」を意識することは，深い学びに向かう1つの手だてともなります。

主な学習活動	予想される生徒の反応
展開	◎祖母のノートを読んだ「ぼく」の考え方の変化について考える。 黙って草取りをしているとき，「ぼく」はどんなことを考えていただろう？ 多面的な考えを引き出す発問【中心発問】 ◎祖母の思いについて考える にっこりとうなずいた祖母は「ぼく」に何と言いたかったのだろう？ 違った立場からの多角的な発問【補助発問】	【後悔・反省】 ・祖母にひどいことをしてしまった ・もっと優しくすればよかった 【感謝】 ・こんなに大切にしてもらっている ・祖母に感謝したい 【希望】 ・今度はぼくたちが恩返しする ・もっと祖母のことを大切にしたい 【共感】 ・祖母はとても苦しい思いをしてるんだ ・私はまだまだがんばるよ ・失敗ばかりして悪かったね ・お前は大切な孫なんだよ ・これからも大切にするよ ・こんなおばあちゃんのこと，わかってくれてありがとう

085

3　振り返りで自己を見つめる

　最後に「②自己を見つめ」と授業のかかわりについてです。自己を見つめる場面は，授業の中でいくつもありますが，最も大切な活動は展開後半に行われる「振り返り」の活動です。詳細については，本章の33で詳しく説明します。

25 オーソドックスな共感的活用に質の高い多様な指導法を流し込む

ポイント

1　分析的な発問や批判的な発問を組み込む
2　投影的な発問や役割演技の導入により自我関与をさせる

1　分析的な発問や批判的な発問を組み込む

この共感的な活用は，主人公の立場になって考えさせる展開となるため，どうしても心情理解が中心の授業になってしまいます。そこで，**基本発問や補助発問に分析的な発問や批判的な発問を組み込むことで，自己の生き方や人間の生き方を考える授業展開にすることができます。**

ちなみに分析的な発問と批判的な発問とは，次のような発問を指します。

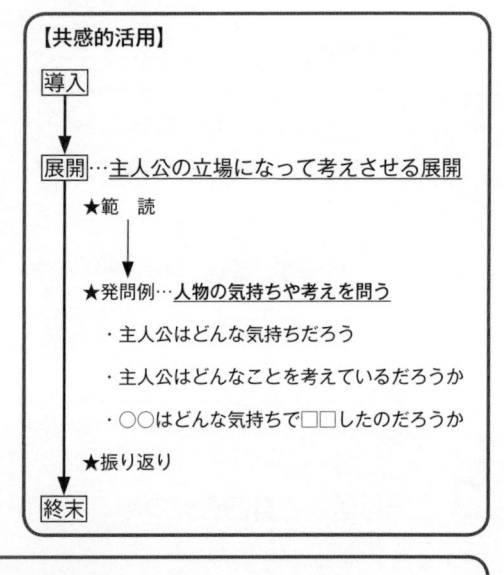

```
【共感的活用】
導入
　↓
展開…主人公の立場になって考えさせる展開
　　★範　読
　　★発問例…人物の気持ちや考えを問う
　　　・主人公はどんな気持ちだろう
　　　・主人公はどんなことを考えているだろうか
　　　・○○はどんな気持ちで□□したのだろうか
　　★振り返り
終末
```

分析的な発問…出来事や行動の理由や意味を考えさせる発問
批判的な発問…考え方や行為などについてどう思うかを問う発問

2　投影的な発問や役割演技の導入により自我関与をさせる

　1と同様に，この授業展開の中に「もし自分だったらどうするか」「自分だったらどう考えるか」といった投影的な補助発問や役割演技を導入することで，やや他人事的であった学習内容が，一気に自分事となります。言い換えるならば，**自我関与が強くなり，教材のもつ道徳的価値を自分の生き方と関連させて考えることができるようになります。**

　具体例として，教材「一冊のノート」で共感的な中心発問をした後に，こうした発問や活動をする指導案をお示しします。

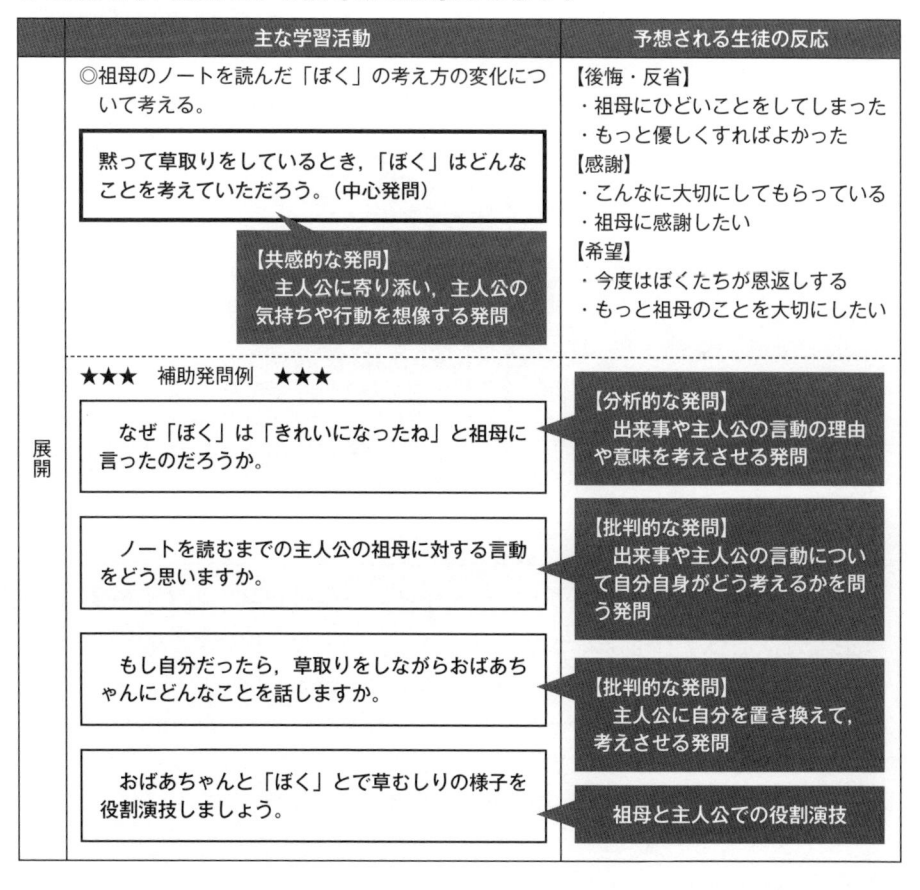

	主な学習活動	予想される生徒の反応
展開	◎祖母のノートを読んだ「ぼく」の考え方の変化について考える。 黙って草取りをしているとき，「ぼく」はどんなことを考えていただろう。（中心発問） 【共感的な発問】　主人公に寄り添い，主人公の気持ちや行動を想像する発問	【後悔・反省】 ・祖母にひどいことをしてしまった ・もっと優しくすればよかった 【感謝】 ・こんなに大切にしてもらっている ・祖母に感謝したい 【希望】 ・今度はぼくたちが恩返しする ・もっと祖母のことを大切にしたい
	★★★　補助発問例　★★★ なぜ「ぼく」は「きれいになったね」と祖母に言ったのだろうか。	【分析的な発問】　出来事や主人公の言動の理由や意味を考えさせる発問
	ノートを読むまでの主人公の祖母に対する言動をどう思いますか。	【批判的な発問】　出来事や主人公の言動について自分自身がどう考えるかを問う発問
	もし自分だったら，草取りをしながらおばあちゃんにどんなことを話しますか。	【批判的な発問】　主人公に自分を置き換えて，考えさせる発問
	おばあちゃんと「ぼく」とで草むしりの様子を役割演技しましょう。	祖母と主人公での役割演技

26 主人公の行動を第三者的に 批判させることから授業を展開する

ポイント

1 主人公の行動や考えの批判から授業を展開する
2 対立したまま終わらせない

1 主人公の行動や考えの批判から授業を展開する

教材の批判的な活用は，教材中の主人公などの行為や考え方を子どもたちに批判させ，互いの意見を交わし合わせることを通して，道徳的な考え方，感じ方を深めさせようとする活用方法です。まず，主人公のどの行動を批判させるかを考え，下記のような発問を設定します。

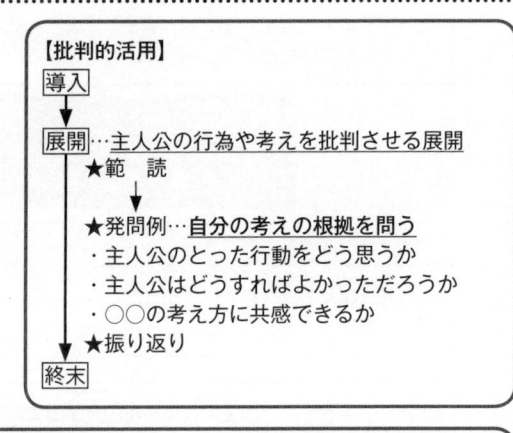

【批判的活用】
導入

展開 …主人公の行為や考えを批判させる展開
　★範　読

　★発問例…自分の考えの根拠を問う
　・主人公のとった行動をどう思うか
　・主人公はどうすればよかっただろうか
　・○○の考え方に共感できるか

　★振り返り
終末

「主人公のとった行動をどう思いますか？」…自分自身の考えの確認
「主人公はどうすればよかったのだろう？」…よりよい行動の検討
「主人公の行動（考え）に共感できるか？」…賛否を問う発問

これらの発問は，主人公の行動を第三者的な立場から批判的に考えさせる発問であり，**生徒の多様な価値観を引き出すことができます。**

多くの教科書に掲載されている教材「足袋の季節」を例に説明しましょう。

『足袋の季節』あらすじ

　筆者が少年のころ，貧しさと寒さに追いつめられ，大福売りのおばあさんから，釣り銭をかすめ取り，足袋の代金にしてしまう。おばあさんの「ふんばりなさいよ」の一言は，筆者の心を大きく揺さぶる。その後，自責の念に駆られた筆者は初月給で，おばあさんに償いをしようと訪ねるが，そのおばあさんはすでに亡くなっていた…。

	主な学習活動	予想される生徒の反応
展開	◎筆者の生き方について話し合う。 　「ふんばりなさいよ」というおばあさんの一言を心の糧に生きてきた筆者の生き方をどう思いますか。 【批判的な発問】 　主人公の生き方を問うことから，ねらいとする「生きる喜び」についての道徳的価値について話し合う。 ★心情円盤を使い，対立的な議論とせず，多様な考えを共有することができるようにする。 ★★★　補助発問例　★★★ 　「ふんばりなさいよ」という一言には，どのような意味があったのだろうか。 　なぜ，川に果物かごを投げたのだろうか。 　「おばあさんにいただいた心」とはどのような心なんだろう。 　主人公は，この後どのように生きていけばよいだろうか。自分だったらどのようにアドバイスをしますか。	【肯定的な考え】 ・この一言で自分をしっかりと見つめ直して生きることができた ・人を騙さず，自分に正直に生きることを教えてもらい，よかった 【否定的な考え】 ・もっと早い段階で，おばあさんのところにいくべき ・結局，中途半端な生き方だったように感じる 【その他】 主人公の生き方を支えていたものが何かを考えさせる発問 主人公の生き方のどこに問題があったのかを考えさせる発問 生きる喜びとは何かを考えさせる発問 主人公の問題を自分事として考えさせる発問

この授業の場合は，主人公の生き方という大きなテーマについて生徒に考えさせることによって，人間にとって生きる喜びとは何かを追究させています。批判するものは，ある場面の言動や考え方であったり，人物や教材自体，あるいは価値そのものであったりする場合も考えられます。学級の実態やねらいに応じて活用を工夫することが大切です。

　この「足袋の季節」の場合，この主人公の生き方をどう捉えるかは生徒によって様々です。したがって，**批判的な発問をすることで，彼の生き方を肯定的に考える意見と否定的に考える意見が発表され，そこからねらいとする「生きる喜び」を考えさせます。**

2 対立したまま終わらせない

　先に示した指導案では，中心発問の後に，生徒から肯定的な意見と否定的な意見が出されることが予想されています。実は，ここからの指導展開が重要なのです。多くの学校現場で，こうした二項対立がよく実践されています。対立軸を中心とした議論のため，生徒の中に競争心が芽生え，活発な議論となっていきます。それは悪いことではありませんが，問題は2つの考えが対立したまま授業が終わっていくということです。

　補助発問を準備し，比較・分類したり，共通項を見つけたり，妥協点をさぐったりして，ねらいとする道徳的価値を話し合うことが重要です。

　私は，**対立が軸となった授業展開を避けるために，中心発問をした後に，心情円盤を用います。**第2章の15でお話ししたように，この簡易アナライザーは，葛藤する心の状態を映し出すものです。完全にAかBという2つの立場に分かれるのではなく，1人の人間の中に葛藤する2つの心があることを意識させ，そこからどのように生きるかを考えさせるものです。したがって，この『足袋の季節』の教材においても，肯定的な考えと否定的な考えを対立させるのではなく，この2つの考えから主人公にとっての生きる喜びとは何か，自分自身はどう考えるかを話し合うような授業展開を構築することをお

すすめします。

　そして，中心発問後の展開において，道徳的価値に迫るための補助発問が必要となってきます。先の指導案に示したような補助発問をいくつか用意しておき，授業展開に応じて効果的に活用することが大切です。**補助発問を効果的に活用し，ねらいとする価値に迫る話し合いを行うのです。**

　どんな教材でも二項対立にしてしまう恐ろしい光景を目撃したこともあります。中学校の教員にとって二項対立は，対立をあおることで，生徒の議論が一時的に盛り上がりを見せるため，安易に取り組むことの多い方法です。しかし，対立したままで終わっていくということは，学習として何も得ることがないばかりか，もやもやした気持ちのままストレスを残して，その後の人生を生きていくことになってしまいます。

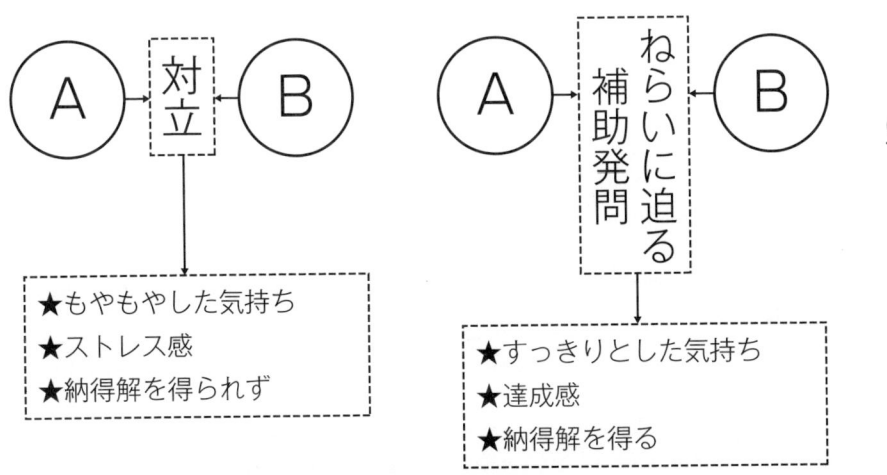

27 偉人やアスリート教材は「すごさ」を共有する

> **ポイント**
> 1 「すごさ」をすべて出し切るところから始める
> 2 なぜすごいのかを分析して価値に迫る

1 「すごさ」をすべて出し切るところから始める

道徳の教科書の教材として，杉原千畝や石井筆子などの偉人を扱った教材やイチローや松井秀喜，国枝慎吾などのアスリートを扱った教材は，その「すごさ」を共有するところから授業展開を考えます。これらの教材に登場する人物は他者より秀でたところがあり，生きるうえでの指針を与えてくれる人物だからです。生徒個々が何に「すごさ」を感じたかを学級全体で共有して，そこから道徳的な価値を深めていきます。具体的には，教材を読んだ後，次のようなことを自由に出し合います。

> ・すごいと思ったこと　・驚いたこと　・疑問に思ったこと
> ・真似してみたいこと　・強く印象に残ったこと

これらの初発の感想を十分に拾い上げるためには，先述したブレインストーミングやKJ法，ミニホワイトボードミーティングなどを活用します。そして，出された「すごさ」を同じ内容のもの同士で分類します。そして，それらの分類した「すごさ」を学級全体で共有し，次の活動で分析していきます。

2　なぜすごいのかを分析して価値に迫る

　展開の中心部分では，分類された「すごさ」の中から道徳的価値に迫ることができるような内容や場面をいくつか選び，**分析的な発問を繰り返すことで，その人物から生き方を学んでいきます。**教材「鳩が飛び立つ日―石井筆子」を使って，具体的な授業展開例を示します。

> ### 「鳩が飛び立つ日～石井筆子」あらすじ
> 　石井筆子は日本の近代女子教育の第一人者で，日本初の知的障害者教育を行った滝乃川学園創始者の1人。3人の娘のうち1人を幼くして亡くし，夫にも先立たれ，娘2人には知的障害があった。再婚するが，残った2人の娘も病死，さらに学園の火災で6人の園児を失う。学園の廃止を決意するが，多くの人から励ましの手紙や寄附金が届き，子どもたちのために再び立ち上がり，自分の選んだ道を進み続ける決意をする…。

	主な学習活動	指導上の留意点
展開	◎教材を読んで感じたことをまとめる。 この教材を読んで「すごいと思ったこと」「驚いたこと」「疑問に思うこと」「真似したいこと」はどんなことですか。	教材を読んで，生徒が感じた"すごさ"を自由に出し合うための発問
	①ブレインストーミングで意見を出す ②KJ法で分類する ③話し合いたいことを決める	"すごさ"を分類し，話し合う内容を決定
	◎筆子の強い生き方について話し合う。 なぜ，筆子は，次々と続く困難にくじけずに立ち向かう強さがあるのだろうか。	"すごさ"を分析し，道徳的価値を深めるための発問

28 感動教材はストレートに
感動を味わう

ポイント
1　感動した内容をすべて出し切り，学級で共有する
2　ねらいとする道徳的価値にかかわる感動を深く追究する

1　感動した内容をすべて出し切り，学級で共有する

　教材が生徒に深い感動を与えるものである場合に，生徒の感動を特に重視しながら，ねらいとする価値の把握を意図する授業展開です。したがって，教材それ自体が感銘を十分に与える特質をもたない場合には，この展開は適用されません。**授業者が，「この教材の感動的な特質を特に生かして活用したい」という明確な指導観をもつことが何よりも大切**です。

　さて，指導展開です。まずは感動したことが何かを問い，すべてを出し切り，その感動を学級で共有します。教材「海と空」（『私たちの道徳』　文部科学省）を例にして展開を考えてみましょう。

「海と空〜樫野の人々〜」あらすじ

　1985年のイラン・イラク戦争の渦中，テヘランからの脱出の手段を失っていた邦人たちは，トルコ政府から提供された「救いの翼」によって無事に帰国する。脱出の当事者である主人公は，帰国後，トルコ政府の厚意の背景に，1890年のトルコ船籍エルトゥールル号遭難の際の和歌山県串本の人々の献身的行為があったことを知る…。

「一番心に残っているのはどんなことですか」「何に感動しましたか」

まず，教材を読んだ後に，上のような発問をします。そして，範例的な活用と同じように，出された意見を生徒と一緒に分類します。

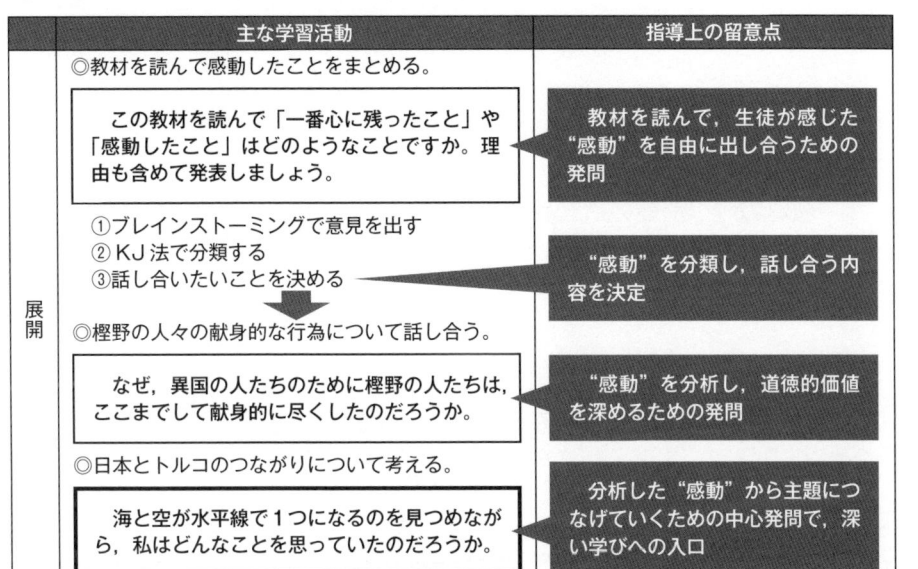

主な学習活動	指導上の留意点
◎教材を読んで感動したことをまとめる。 この教材を読んで「一番心に残ったこと」や「感動したこと」はどのようなことですか。理由も含めて発表しましょう。	教材を読んで，生徒が感じた"感動"を自由に出し合うための発問
①ブレインストーミングで意見を出す ②KJ法で分類する ③話し合いたいことを決める	"感動"を分類し，話し合う内容を決定
◎樫野の人々の献身的な行為について話し合う。 なぜ，異国の人たちのために樫野の人たちは，ここまでして献身的に尽くしたのだろうか。	"感動"を分析し，道徳的価値を深めるための発問
◎日本とトルコのつながりについて考える。 海と空が水平線で1つになるのを見つめながら，私はどんなことを思っていたのだろうか。	分析した"感動"から主題につなげていくための中心発問で，深い学びへの入口

(「展」「開」の縦書きラベルが左端にあり)

2　ねらいとする道徳的価値にかかわる感動を深く追究する

感動を共有したら，その多くの感動の中からいくつかを選び，追究します。この授業展開の場合，樫野の人々の献身的な行為に対する感動を分析し追究することから，人類愛や思いやり，国際理解等にかかわる価値を深めます。そして，主人公の心の変化を捉えて，国際理解についての深い学びへとつなげていきます。ここで気をつけなくてはいけないのは，**感動の中には様々な道徳的価値が内包されている**ということです。授業者自身がしっかりとした指導観をもち，今日の主題は何かということを明確にもっていないと，総花的な感想発表会になってしまう可能性があります。深い学びにするための**主題設定を大切にし，生徒にも明確なめあてをもたせることが大切**です。

29 問題の所在を見つけて 「問い」にする

ポイント

1　教材の中の問題の所在を見つけて「問い」にする
2　「問い」の解決は方法論に終始させず，価値を前面に押し出す
3　教材の中の解決についての検証的な批判も大いに活用する

1　教材の中の問題の所在を見つけて「問い」にする

　問題解決的な学習について「『特別の教科　道徳』の指導方法・評価等について（報告）」で次のように示されています。

> 　児童生徒一人一人が生きる上で出会う様々な道徳的諸価値に関わる問題や課題を主体的に解決するために必要な資質・能力を養うことができる。問題場面について児童生徒自身の考えの根拠を問う発問や，問題場面を実際の自分に当てはめて考えてみることを促す発問，問題場面における道徳的価値の意味を考えさせる発問などによって，道徳的価値を実現するための資質・能力を養うことができる。

　ポイントは**「主体的に解決する」**ということと**「問題場面」**を考えるということです。つまり，問題解決的な学習は，問題場面を捉えて主体的に解決することが重要であるということです。
　まずは，「問題場面」を捉えることです。教材提示を受けた後，生徒が主体的に「問い」をつくることからこの学習が始まります。

　冷静に，そして客観的に問題の所在を把握し，「問い」をつくる方法として次のようなものがあります。

> A　問題の所在を確認する発問から「問い」を設定
> 「ここでの問題は何ですか」「主人公は何に困っていますか？」
> 「この教材では，何が問題となっていますか？」
>
> B　初発の感想や疑問点を共有することから「問い」を設定
> 「疑問に思ったことや印象に残ったこと，驚いたこと，話し合いたいことには，どんなことがありますか？」

　Aの方法では，授業者は，教材分析の段階で，生徒がどこの場面を問題として捉えるかを想定して発問をします。**教材の中で主人公が迷う場面や葛藤する場面，トラブルが起きている場面などを想定します。**そこを生徒に捉えさせるための発問となります。かなり教師の意図的な授業展開ではありますが，教材中の問題を見つけようとする意識が養われ，それにより生徒自身の中にも問題意識が生まれてきます。

　Bの方法では，教材全体から生徒が感じた疑問や驚きなどの初発の感想を引き出すための発問をします。Aの方法は，一場面に生徒の関心が向いていきますが，この方法の場合，教材全体に関心が向いていきます。したがって，**それらの初発の感想を分類し，この授業の「問い」として活用します。**特に生徒が問題としている内容を中心発問とし，他を基本発問や補助発問として活用します。**この方法は，「問い」の設定までを大切にしているので，2時間完了の授業となります。**「問い」の設定で1時間，その解決に1時間が必要となります。連続授業よりも1週間空けて，生徒の考えた「問い」をどう生かすかを考える時間を確保する方が効果的な授業となります。時間はかかりますが，生徒自らが設定した「問い」を中心に問題解決をするため，より主体的な授業となります。例として，教材「いつも一緒に」（文部省　道徳

教育推進指導資料）より授業展開を示します。

> **「いつも一緒に」あらすじ**
> 　主人公の真理子は，仲良しだったみゆきがバレーボール部のレギュラーになったときから，以前のように素直に付き合えなくなってしまう。ある朝，みゆきとの些細なトラブルから同級生の恵子の誘いにのって，みゆきを無視し始める。しかし，恵子の友人批判を目の当たりにして，もう一度みゆきとやり直したいと考え，体育館に向かう…。

Aの方法で「問い」を立てた場合

	学習活動	予想される生徒の反応
展開	◎問題の所在を確認する。 だれが，どんなことに困っていましたか。 問題の所在を明らかにするための発問	・真理子が，みゆきに声をかけたいが，恵子との約束を破ることになることを迷っている ・みゆきは真理子と仲直りしたいが，声をかけてもらえない
	◎問題が起こってきた原因を話し合う。 どうしてこのような関係になってしまったのでしょうか。 問題の原因を明らかにするための発問	・相手の言い分を十分に聞いていないから ・自分のことばかり考えて行動していたから ・悪いところばかり見ていたから
	◎解決方法を考える。 真理子は，この後，みゆきとどのように接していったらよいだろうか。アドバイスをしてあげてください。　問題の解決をするための発問 (1)ワークシートに解決方法を記入する。 (2)ペアトークで解決方法を考える。 (3)学級全体で意見交流する。 　■補助発問例 ○相手の嫌なところははっきり言った方がよいのか ○恵美の存在はどうすればいいのか ○本当の友だちってどんな人か	・適度に距離を置いた方がよい ・もっと相手のことを考えて付き合いをすればよい ・友だちのことを信頼して行動し，あまり人に左右されない方がよい ・相手の立場も考えて付き合うとよい友だちになれる ・なんでも話せるようにした方がよい

※Bの方法については，「47　p4c（子どものための哲学）でとことん議論する」を参照ください。

2 「問い」の解決は方法論に終始させず, 価値を前面に押し出す

　「問い」の解決を目指して問題解決的な学習を進める授業を参観していて, 違和感を覚えるときがあります。それは, 解決方法に終始した話し合いが続くことです。この授業の場合「学級全体で話し合った方がよい」「恵美とはつき合わない方がよい」「第三者に相談して間に入ってもらう方がよい」といった方法論ばかりが取り上げられるのです。道徳的価値が置き去りにされているだけでなく, 第三者的な発言ばかりで自己を見つめることもできていません。社会科や総合的な学習の時間, 学級活動のような授業を目にすることもあります。この授業の場合, **「本当の友情とはどのようなものか」という道徳的な価値について自我関与させながら考えさせることが必要**です。

3 教材の中の解決についての検証的な批判も大いに活用する

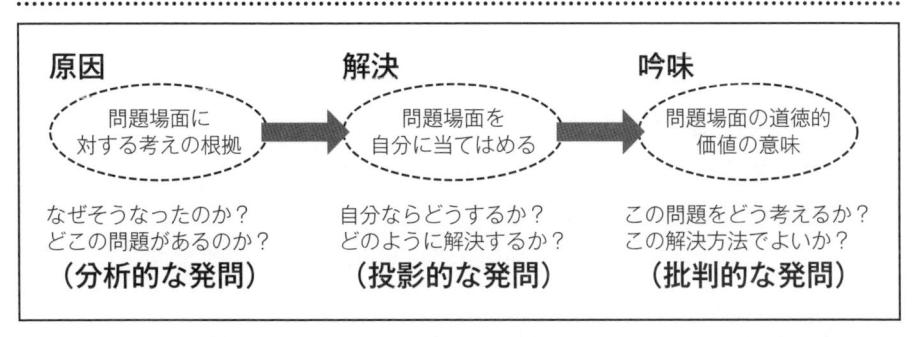

　授業は原因の探究から始まり, 解決へ向けた模索, そしてその吟味という流れで進んでいきます。展開の後半で, 解決の在り方について吟味をしますが, この段階で生徒が考えた解決方法についての道徳的価値についての議論がなされます。教材によっては, 起承転結の「結」の部分があり, 主人公が解決をしている場合があります。**その「結」の部分の解決についても, 生徒と一緒に吟味することにより, より道徳的な価値が深まります。**切り捨てずに, 検証的な批判をし, 深い学びへの水先案内人としましょう。

30 導入で進むべき方向を決める

100

ポイント

1 設定はねらいを定め，中心発問を決めてからでよい
2 短い時間にインパクトをもったパフォーマンスを行う

1 設定はねらいを定め，中心発問を決めてからでよい

授業の導入はなんのために行うのでしょうか。「道徳的価値や人間としての生き方についての自覚に向けての動機づけを図る」というねらいがあります。その方法には，大きく分けると2通りあります。

①**本時の主題にかかわる導入**
　本時のねらいである主題や内容項目にかかわる発問を設定する
②**本時の教材にかかわる導入**
　本時に使用する教材の題名や内容にかかわる発問を設定する

①の導入では，その時間に中心主題とする内容項目にかかわる発問を設定し，直接的に主題に方向づけします。例えば，次のような発問になります。

「友だちがいてよかったなと思ったことはありますか？」
「"誠実" ってどんな行動だと思いますか？」
「いじめに関するアンケートを見てどう感じますか？」

　それに対して②の導入では，教材の題名や内容，登場人物などを問うことから方向づけを図ります。例えば，次のような発問になります。

> 「イチロー選手に対してどのようなイメージをもっていますか？」
> 「トルコという国に対してどのようなことを知っていますか？」
> 「"ネット将棋"ってどのようなゲームでしょうか？」

　したがって，その時間のねらいや主題，中心発問が決まり，授業の全体像がはっきりと決まってから，導入の発問は設定することがベストです。

2　短い時間にインパクトをもったパフォーマンスを行う

　導入では，3～7分ほどの短い時間の中で，強いインパクトのあるパフォーマンスにより方向づけをする必要があります。下の表のように，**実物や写真，動画，グラフ等の提示やICT機器の活用などにより，効果的に行うことを心がけましょう。**

101

①	生活経験を問う	主題や教材にかかわる生徒の経験を発表させる
②	アンケートを示す	主題や教材にかかわる事前アンケート等の統計を示す
③	教師の体験談を話す	主題や教材にかかわる体験談や道徳小話を示す
④	価値のイメージを問う	誠実や謙虚などの価値についてのイメージを発表させる
⑤	写真を提示する	教材にかかわる写真を数枚提示し，関心をもたせる
⑥	動画を提示する	教材にかかわる動画を提示し，関心をもたせる
⑦	実物を提示する	教材にかかわる実物を提示し，関心をもたせる
⑧	ゲストの印象を問う	ゲストを招いたときに，ゲストの第一印象を聞く
⑨	パフォーマンスをする	手品やダンスなど教材にかかわるパフォーマンスを行う
⑩	題名を考えさせる	教材の題名から感じることを発表させる
⑪	主人公を問う	教材の主人公のイメージや知っていることを発表させる
⑫	教科書等を活用する	教科書や「私たちの道徳」の挿絵や漫画，格言，コラムなどを使って興味づけをする
⑬	音楽をかける	教材にかかわる曲を流し，イメージを発表させる
⑭	教材にかかわる知識を与える	教材にかかわる知識を補充することにより関心を高める

31 事前読みと ICT 活用で短く効果的に 教材理解とあらすじ確認を行う

ポイント

1 事前読みを行うことで「考え，議論する」時間を確保する
2 ICT 活用であらすじ確認を短く効果的に行う

1 事前読みを行うことで「考え，議論する」時間を確保する

これまで，教材は授業時間の中で範読するのが常とされてきました。しかし，中学校の教科書に掲載されている読み物教材は，長いものになると範読するのに10分から15分かかるものもあります。振り返りや終末の時間を差し引くと，話し合いが行われる時間は，25分程度となってしまいます。

そこで，「考え，議論する」時間を確保するために，授業時間外での事前読みをおすすめします。**朝の読書タイムや前日の帰りの短学活を活用したり，家庭での宿題としたりします。**

事前読みで，余裕があるようであれば，授業中と同じように範読することを基本とします。また，生徒には何度読んでもよいことを伝え，**複数回読みを習慣づけしておきましょう。**教材理解が深まり，授業の中での発言も深いものになる可能性をもっています。授業中の１回の範読では，教材内容を十分に理解できない生徒が必ず出てきます。

よく「教材を事前に読んでしまうと，内容がわかってしまい，議論が深まらない」という方がいらっしゃいますが，その「内容」とは，主人公のとった行動のことで，それはゴールではなく，議論の出発点となります。読んでわかってしまうような浅くて表面的な道徳授業では困ります。

2　ICT活用であらすじ確認を短く効果的に行う

　教材の事前読みをしたときには，必ずあらすじ確認を行います。授業中に範読した際も同様です。学級全体で，ポイントとなる場面を意識させながら，教材理解を徹底します。

> ・あらすじ確認は，ICT 機器を利用し，対話型で行う
> ・あらすじ確認は，必要最小限にとどめ，短時間で行う
> ・ICT の画像は消えてしまうので，必要に応じて場面絵を用意する

　小中を問わず，このあらすじ確認に時間をかけすぎたために，予定の半分しか進まず，途中で終わってしまう授業をよく見かけます。とにかく，**あらすじ確認は，ポイントになる場面を中心に，生徒にいかに印象づけるかが重要**です。

　そのために，ICT 機器を活用して生徒に映像として各場面を提供し，その場面のインパクトを与えます。さらに，「そのとき，彼はどんな気持ちだったかな？」とか「この後，彼はどんな行動をとったかな？」などと内容にかかわることを生徒に問いかけながら確認していきます。生徒の集中力が増すだけでなく，教材理解を深めることができます。

　ただ，ここで気をつけなくてはならないのは，ICT の画像や動画は一時的なもので，消えていってしまうということです。これを解決するために，基本発問や中心発問となる場面については，必要に応じて場面絵を用意します。

　同様に，授業のなかで登場人物のセリフを中心発問として活用する場合は，そのセリフをフラッシュカードとして準備すると，授業が終了するまで掲示してあるので，発問に対する議論がぶれることなく進んでいきます。しかし，**数多く貼りすぎると思考が混乱するので，必要最小限にとどめます。**

32 教材にかかわる議論は 「拡散から収束へ」と展開させる

> **ポイント**
> 1 中心発問から多面的な考えを引き出し，拡散する
> 2 拡散した考えは多角的な補助発問で収束に向かわせる

1 中心発問から多面的な考えを引き出し，拡散する

道徳科の授業の核心部分である展開場面では，教材を基にした道徳的価値の話し合いをします。もちろん，中心発問が大きな意味をもつことは言うまでもありません。この中心発問では，生徒から多面的な考えを引き出します（多面的な発問については，「40 発問の立ち位置を捉える」を参照ください）。

教材にかかわる中心発問では，**生徒の多面的な考えが出されて，議論が拡散していきます。**中学校でよく使用される教材「バスと赤ちゃん」（廣済堂あかつき）を例に説明しましょう。

「バスと赤ちゃん」あらすじ（内容項目…社会連帯）

満員のバスの車内。後ろの方で火のついたような赤ちゃんの泣き声が聞こえる。バス停が近づき，その声がだんだん前に近づく。赤ちゃんを抱いた若いお母さんが，運転手のところに行き，「次のバス停で降りる予定であるが，赤ちゃんが泣くので，ここで降ります」と言う。運転手が乗客に「乗せていってください」と呼びかける。数秒後に拍手が…。

> **中心発問**「この拍手にはどのような意味があるのだろうか？」
>
>
>
> ・運転手の勇気に対して
> ・お母さんの乗客に対する思いやりについて
> ・最初に拍手した乗客に対して　　・赤ちゃんに対する励まし
> ・みんなが拍手したから仕方なく　・運転手への賛同の拍手

　このように，１つの中心発問に対して多面的な考えが出され，議論が拡散していきます。バスの中の思いやりの連鎖が多方面から出されています。しかし，よくこの段階で議論を終えてしまう残念な授業を見ることがあります。**この拡散した状況から道徳的価値を深めていくような話し合いが必要**です。

2　拡散した考えは多角的な補助発問で収束に向かわせる

　そこで，次のような，立場を変え，視点を変えた多角的な発問をします。

> 　「もし，自分がお母さんの立場であったら，そのままバスに乗って行きますか？」

　この発問で，数名の生徒は「降りる」という選択をします。その理由の多くは，「拍手をもらっても赤ちゃんは泣くし，それを嫌がる人もいるから」という理由をあげます。ここを起点として，本当の意味の社会連帯はどうあるべきかを考えさせます。**ここから一気に道徳的価値についての深い話し合いに進んでいきます**。運転手に賛同するだけの連帯よりも，自分たちで何かできないかという問題解決的な話し合いに進展していきます。このように多角的な補助発問をすることにより，拡散した考えは収束へと向かっていくようになります。意識して授業をしてみましょう。

33 自己を見つめる「振り返り」から納得解へつなげる

ポイント

1 自然に表現される決意表明は歓迎をする
2 書いたものは必ず発表の場をもち，他者理解を図る

1 自然に表現される決意表明は歓迎をする

教材を中心とした道徳的価値の話し合いが進み，展開の終盤では，生徒の思考は自分の生き方にまで及ぶようになってきます。その段階に入ってきたら，必ず「振り返り」の時間を設定します。その際，以下のことに気をつけて，道徳ノートやワークシートに記述させます。

●視点を示して，何を振り返るのかをはっきりさせる
　例　「今日の学習で『誠実』について考えたことを書きましょう」
　　　「『バスと赤ちゃん』の学習で学んだことはなんですか？」

●振り返りの中からわき出た自然な形の決意表明は歓迎する
　教材の中の道徳的価値を考えていくうちに生徒は自然と自分の生き方を考えるようになり，決意表明した場合は，大いに認めましょう。

●授業時間中に振り返りができない場合は，短学活や宿題で実施する
　この振り返りは，「納得解」となるため，評価にも生かすことができます。

2　書いたものは必ず発表の場をもち，他者理解を図る

　せっかく振り返りの時間を取り，道徳ノートに記入したのに，1人も発表させずに教師が説話を始めたり，シートやノートを回収したりする授業をよく見かけます。もったいないですね。せっかく生徒が書いた「納得解」という宝の山を披露することなく終わってしまいます。**ほんの数人でもよいので発表させることが大切**です。私は，次のような形で発表をさせています。

---

①ワークシートや道徳ノートに，学んだことを記入させる。

②書いているときに机間指導し，発表させたい生徒のシートに○などの印を赤ペンで記す。その際に，「いいね」等の励ましの声かけをする。（できるだけ多様な意見を見取る）

③ペアの生徒と，意見交換をさせる。（時間があれば）

④②で印をつけた生徒全員を立たせて1人ずつ発表させる。

⑤発表後には温かい拍手をする。

　この「振り返り」の発表は，自分自身を見つめた結果であり，他者の「納得解」を知る大切な機会となります。教材から完全に離れて，自分の今後の生き方やこれまでの生き方の反省を発表する生徒も出てきます。拍手をするのは，それを認めることにつながるからです。一人ひとりが違う考えをもち，それを認め合う空間をつくりだすためです。

　担任の中には，**振り返りの言葉を学級通信に掲載し，学級の議論の様子を保護者に伝えている**人もたくさんいらっしゃいます。それほどに「振り返り」は重要で外すことのできない活動です。

34 終末に五感を刺激する
芸術作品を投入する

ポイント

1 『私たちの道徳』(文部科学省)は宝の山,これをフル活用する
2 音楽や写真,動画,詩などの芸術作品を活用する

1 『私たちの道徳』(文部科学省)は宝の山,これをフル活用する

研修会などで若い先生から「終末はどんなことをするとよいでしょうか」「説話といってもあまりネタがなくて何を話していいかわからない」という質問をよくいただきます。それに対して,**「『私たちの道徳』という宝の山があるじゃないですか」**というお答えをします。

手元にある『私たちの道徳』をご覧ください。内容項目ごとに資料が並んでいるので,活用しやすいですね。中を見ていただくと,終末で活用できる資料がたくさんあります。

●**先人や偉人のコラムやメッセージ**
　このまま読むのではなく,先生が説話として語り聴かせます。
●**saying(この人のひとこと)や詩**
　先人や偉人の名言や格言の他,柴田トヨさんや坂村真民さん等の有名な詩が掲載されています。これらを紹介することで終末とします。
●**写真,グラフ,読み物資料の感想**
　実生活に生かされるような説話の題材として活用します。

2　音楽や写真, 動画, 詩などの芸術作品を活用する

『私たちの道徳』以外にも, 様々な資料を活用することができます。例え
ば, 本や新聞, テレビやラジオからの情報も説話をする際の話の種になりま
す。それ以外でおすすめしたいのが, **音楽や写真, 動画, 詩などの芸術性に
あふれた作品の提示**です。芸術性があるということは, 見るもの聴くものに
与えるインパクトも大きなものがあります。それをうまく活用するというこ
とです。例えば次のような活用の仕方があります。

● 「いつわりのバイオリン」
　河野進さんの詩集『そうきん』から「微笑み」という詩を朗読する
● 「いつも一緒に」
　谷川俊太郎さんの『ともだち』という絵本の読み聞かせをする。
● 「風に立つライオン」「償い」
　この曲（さだまさし）を使った教材の終末で生徒に曲を聴かせて余韻
　を残す
● 「ジョイス」
　誤審をしたジョイスとガララーガが心を許し合う場面の実際の映像を
　視聴して余韻をもって終わる
● 「一冊のノート」
　東京ガスの CM「おばあちゃんの料理」を動画で流し授業を終わる
● 「塩むすび」
　避難所で活躍する地元の中学生やボランティアの活動の写真をスライ
　ドショーにして提示し, 余韻をもって終わる。
● 「私は何のために生きているの」
　沢尻エリカさん主演の『1リットルの涙』のラストシーンを視聴さ
　せ, 余韻をもって終わる。

---

35 説話は自己の失敗エピソードを語り，余韻をもって終わる

ポイント

1　失敗談や感動した話など教師自身の体験談を語る
2　「押しつけ」や「説教」とならないよう余韻をもって終わる

1　失敗談や感動した話など教師自身の体験談を語る

　授業の終末では，振り返りで確認した生徒の「納得解」に意味づけをする活動が行われます。多いのが教師の説話です。説話とは辞書では「人々の間に語り伝えられた話とか，話すことや物語ること」とされていますが，道徳の場合の説話では，次のような話をして，生徒の道徳性の定着を図るとともに，実践への意欲をもたせます。

教師自身の体験（失敗談を中心にして）
　特に教師の失敗談は，教師も「人間」としての弱さをもっていることを生徒に共感させるうえでかなり効果的です。
教師が知っている感動的なエピソードや道徳的な小話
　自分自身の経験ではなくてもよいので，本やテレビ，ネットなどで知りえた感動的なエピソードや道徳的な小話を短くまとめて話します。
身近な校内や学級内の生徒の道徳的な行為
　教師が見つけた校内や学級内の道徳的な行為。生徒の失敗した行為でなく感動を与えるような話の方が実践に結びつきます。

2　「押しつけ」や「説教」とならないよう余韻をもって終わる

　多くの道徳の授業を参観する中で，終末に説話をされる先生が多いのですが，この最後の説話でがっかりすることが多々あります。話がほぼ終わった後に，「ですからみなさんも友だちを大切にして生活してください」と締めくくったり，「でも，この学級には友だちをからかったり，馬鹿にしたりする人がいます」といった具合に説教が始まったりする終末です。

　「押しつけ」や「説教」は，それまでの話し合いをすべて台無しにしてしまうので，説話は含みを残して余韻をもって終わることが重要です。すべてを語ってしまうと「押しつけ」や「説教」になります。生徒が，「もう少し聞きたい」と思うぐらいで終わることによって，生徒自身が自分の「納得解」と説話を結びつけて，生活に生かしていこうと考えるようになります。まとめると次のようになります。

111

余韻をもって終わる
　話が長くなってはいけません。生徒が考える余地を残して終わります。

教師ではなく一人の人間として語る
　「先生は…」と語り始めず，「私は…」というように語り始めます。

生徒を集中させ，やや小声でゆっくりと語る
　時には BGM をかけ雰囲気をつくります。「話す」のでなく語ります。

例えば，社会連帯をねらいとした先述の教材『バスと赤ちゃん』の場合，次のような説話をします。

今日は，バスの中のつながりについて考えてきましたね。私も電車によく乗りますが，車いすの方がいらっしゃるとき，駅員の方は丁寧に対応され，車いすで電車に乗りやすいよう補助版を用意されます。その車いすの方が電車に乗られ，降車駅に着くとその駅には駅員さんが補助版をもって待っています。そしてスムーズに電車から降りることができるよう手助けをされます。すごいですね。

でも，この話を私の友人に話したところ，「そんなにすごいとは思わないよ」と言うのです。どうしてかと理由を尋ねると次のように言うのです。

「僕はドイツに住んでいて，ドイツは全く違うんだ。車いすの人が駅に来ても，駅員はほとんど手助けしないんだよ。電車が来ても何もしない。でも大丈夫なんだ。駅員さんではなくて，乗っている乗客の一人ひとりが自ら手助けをして乗降を手伝うんだよ。だから駅員さんはそれを見守っているだけなんだ」

はい，では授業を終わりましょう。

いかがでしょうか。この話の後に「だから，皆さんも電車内で困っている人を見つけたら，進んで手助けしましょう」とつけ加えてしまうと，それが教師の押しつけにつながってくるのです。**最後にひと言つけ加えたくなる気持ちを抑えましょう。**そして，生徒自身がその余韻を味わいつつ，今日の自分の納得解と説話とを結びつけるような余韻を残すことが大切なのです。

第5章
効果的な発問が
もっと
うまくなる5の技

36 中心発問は議論の発火点と考える

1　中心発問で生徒の多様な考え方を引き出し, 拡散させる

　道徳科の授業において中心発問が極めて重要な位置を占めることは，だれもが知るところです。ですから，この発問とそれに対する生徒の発言を授業展開全体の中でどのように捉えるかが，授業の在り方自体を決めると言っても過言ではありません。

　中心発問で，生徒の多様な考え方を出させることから道徳的価値にかかわる議論をスタートします。これを，**多様な考え方の拡散**と捉えます。

　中心発問で，生徒の多様な発言を引き出した後に，

　「たくさん意見が出ましたね。では，振り返りをしましょう」

と拡散したまま，学習の振り返りに入る授業を見ることがよくありますが，まだ早いですね。火がついたばかりです。いわば**中心発問は議論の発火点な**のです。拡散したまま終末に向かい，授業を終えてしまうと，生徒は「納得解」を得ることができず，道徳性の成長もないままとなってしまいます。本当は，この拡散した状態から深い学びへと入っていかなくてはならないのです。

2 予想される発言をすべて書き出し, 分類しておく

　中心発問を発火点として議論を進める際に, 教師はどこに議論が進んでいくかをあらかじめ把握しておく必要があります。つまり, **中心発問の後, 生徒からどのような反応があるかを予想しておきます。**そして, それらを分類しておくと, その後の議論をどのように展開していったらよいかが, はっきりと見えてきます。教材「バスと赤ちゃん」で考えてみましょう。「乗客の拍手は何に対する拍手だったでしょう？」という中心発問に対して, 次のような予想を立て, 分類をしておきます。

●**運転手に対する拍手**
　・運転手の勇気ある行動への拍手
　・母親への思いやりへの拍手

●**母親に対する拍手**
　・「乗っていっていいよ」という思いやりの拍手
　・1つ前のバス停で降りようとする母親の思いやりに対する拍手

●**賛同の拍手**
　・「もっと泣いてもいいんだよ, がんばれ」という拍手

●**最初に拍手した人に対する拍手**
　・「勇気をもって拍手をしてくれてありがとう」という感謝の拍手

●**仕方なくした拍手**
　・つられて仕方なくした拍手
　・本当は嫌だけど, 渋々した拍手

　このように, 1つの中心発問から生まれてくる生徒の発言をできるだけ多く予想し, 分類しておきます。そうすれば, 実際の授業でこれだけ様々な考えが出され, 生徒の考えが拡散しても, 教師はバスの中の「思いやり」の連鎖をこの分類にしたがって冷静に整理することができます。そして, これらの考えを十分に生かしながら次の展開へと進んでいくことができます。この分類をしておかないと, 拡散した意見に振り回されることになりかねません。

37 議論収束へ向けて
連射的な補助発問をくり出す

ポイント

1 分類した考えを吟味する補助発問を準備する
2 多角的な補助発問の繰り返しが深い学びへの鍵となる

1 分類した考えを吟味する補助発問を準備する

中心発問で拡散した多様な考えや意見を基にして，道徳的価値についての話し合いを行うことにより，議論は収束に向かっていきます。そして，それとともに生徒の「納得解」が形成されてきます。では，いかにして拡散した議論を収束に向かわせるか。そのカギは補助発問にあります。下の図にあるように，分類された考えや意見について吟味をしていきます。吟味をする際に必要となるのが補助発問です。生徒は補助発問について教師とともに探究する中で，生き方に関する新しい発見をし，道徳的価値に目覚めていきます。

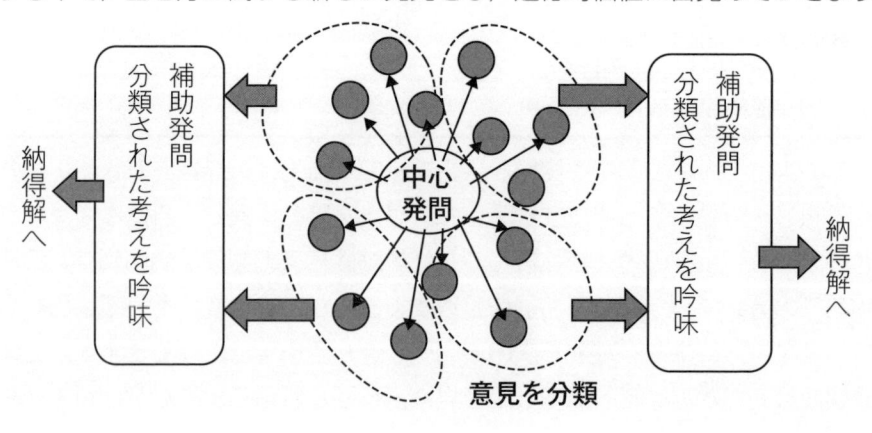

意見を分類

2　多角的な補助発問の繰り返しが深い学びへの鍵となる

　私は，授業を進める際，中心発問以後の話し合いの中で4〜5つほどの補助発問を用意します。分類した発言を基にして道徳的価値にかかわる話し合いを進めるためです。できれば，**この補助発問は中心発問とは立場や視点を変えたものにすると，より深い学びへと近づいてきます。**

　例えば，先述の教材「バスと赤ちゃん」の授業の場合，下記のような補助発問を用意します。

> ●**「マイクで乗客に問いかけた運転手をどう思いますか」**
> 　運転手の行為について批判的に問う発問です。運転手の勇気ある思いやりの行動を肯定的に捉える生徒と一方的であると否定的に捉える生徒の意見の交流により，本当の思いやりについての議論が進行します。
> ●**「拍手をもらったお母さんは，どんな気持ちだったでしょうか」**
> 　立場を変えて，拍手をもらった母親の心情を考えさせます。うれしいという感謝の意見が大半を占めますが，一部に恥ずかしいし，乗客に迷惑をかけるので困るという意見も出されるようになります。
> ●**「お母さんの立場であったら，このままバスに乗っていきますか」**
> 　心情円盤を利用して行動選択をさせます。迷う生徒も多く「降りる」という意見の理由を中心に話し合い，社会連帯にまで議論を進めます。
> ●**「赤ちゃんとお母さんが安心して乗ることができるようにするにはどうしたらよいだろうか」**
> 　問題解決的な発問をし，社会連帯の在り方について議論を進めます。

　このように，補助発問を繰り返すことにより，拡散していた生徒の考えが，本当の思いやりや社会連帯についての議論に収束し始めます。生徒は，その議論の中で，多様な他者の考えを知るとともに，自分の「納得解」を徐々に形成するようになります。

38 深い学びは「ズレ」を起こさせる発問から始める

ポイント

1　多面的・多角的な話し合いが深い学びへの鍵となる
2　当たり前の考えに「ズレ」が起きると「問い」となる

1　多面的・多角的な話し合いが深い学びへの鍵となる

　新学習指導要領の重要なキーワードの1つである「深い学び」。この「深い学び」に入るために必要なカギがあります。それが，**「見方・考え方」**と呼ばれるものです。どの教科にも「見方・考え方」がありますが，道徳科の場合は，どのようなものなのでしょうか。

　文部科学省は，次のように示しています。

> 　様々な事象を，道徳的諸価値の理解を基に，広い視野から多面的・多角的に捉え，人間としての生き方について考えること。

　これが道徳科の「見方・考え方」です。「広い視野から多面的・多角的に捉える」ことが極めて大切になります。**生徒が多様な考え方に触れる中で，今までの自分の考え方との相違点（ズレ）を見つけたときこそが，成長のチャンス**と言えます。その「ズレ」を考えることこそが，「人間としての生き方を考えること」につながっていきます。

　ですから，教材を一面的に見たり，教師の価値観だけで授業を進めたりする授業では，「深い学び」までたどり着くことは決してありません。

2　当たり前の考えに「ズレ」が起きると「問い」となる

　では，この「ズレ」について具体的に説明しましょう。教材「バスと赤ちゃん」の場合，中心発問や補助発問の後に，生徒の考えの中に次のような「ズレ」が生まれてきます。

> ・この話は，感動的な話なのに，拍手をもらった若いお母さんは，本当は恥ずかしいのかもしれない。
> ・お母さんは，拍手をもらっても，状況が変わらないから「降りたい」と思っているのかもしれない。
> ・運転手の思いやりの行為は，お母さんのことを考えない一方的な行為なのかもしれない。だから，本当の思いやりではないのかもしれない。
> ・この拍手の中には，仕方がなくしている人の拍手が含まれているかもしれない。本当は「降りてほしい」と思っているかもしれない。

119

　こうした「ズレ」は，生徒の「問い」へとつながります。この授業の場合には，「本当の『思いやり』や『社会連帯』とはどのようなものだろう」という「問い」になります。この「問い」を考えていくことが，「思いやり」や「社会連帯」といった道徳的価値を話し合っていくことにつながっていきます。これが「深い学び」につながるのです。

　生徒のもっている当たり前の考え方に「ズレ」を起こさせるような発問が，いかに大切であるかがわかっていただけたと思います。「運転手は思いやりがあるね」「お母さんも思いやりがあるね」「乗客はとても優しいですね」といった上辺だけの意見交換から，もう一歩深く踏み込んだ話し合いが求められています。そのためにも，この「ズレ」を考えた授業構成をしてほしいと思います。

39 葛藤やジレンマを中心に 据えた発問から授業を展開する

ポイント

1　葛藤場面を中心場面として議論をスタートする
2　登場人物のジレンマを捉えて道徳的価値を深める

1　葛藤場面を中心場面として議論をスタートする

　小学校の高学年から中学校にかけて，多く行われているのがこの方法です。**教材中の主人公の葛藤場面を捉えて中心発問とする方法**です。主人公の迷いに自我関与させることによって，道徳的価値を深めていくのです。

　この方法について，苦い思い出があります。小学校に勤務しているころ，ほとんどがこの方法で授業を行っていました。実は，この葛藤のほとんどは**「善（プラス）」と「悪（マイナス）」という二項対立が軸**になっています。そうすると，子どもたちは，だんだんこのシステムを理解し始めます。そして，ある日の道徳で子どもたちは，全員が「善」の方に…。

「善（プラス）」の立場　➡　価値理解の立場として
　ねらいとする「価値を理解する」立場として捉える
「悪（マイナス）」の立場　➡　人間理解の立場として
　人間の醜さや弱さと言った「人間を理解する」立場として捉える

　このように捉えることで，「悪」の立場は人間の弱い部分であり，だれもがもっている弱さであることを理解させるための立場と捉えて授業を進める

ことが大切です。したがって，対立という軸を中心に授業を進めず，お互い
を理解し合うという姿勢をもって授業展開をしていく必要があります。第2
章で紹介した**心情円盤等を活用すると対立から融和へと議論が動き，深い学
びへと向かって行きます。**

　あまりよい例ではないですが，教材「バスと赤ちゃん」で葛藤場面を捉え
た発問をすると，下記のような発問や発言を予想することができます。

発問　自分が乗客であったならば，運転手の問いかけに対してどうしま
　　　　すか？

予想される発言

A　賛同する
　・お母さんは，小さな子を抱えて大変だから
　・小さい子は泣くのが当たり前だから，私たちが我慢すればよい
　・若いお母さんの思いやりの行動に感心したから乗っていってほしい
　・あとバス停1つ分なんだからかまわない
　・みんながお母さんに声をかけてあげれば，安心して乗って行ける

B　賛同しない
　・本人が降りると言っているのだから，思うようにさせればいい
　・やっぱり赤ちゃんの声はうるさいから，賛同できない
　・泣き声でイライラしている人もいて，困る人がいるから
　・満員のバスで，赤ちゃんは乗っていっても辛いと思う
　・みんなが乗るバスだから，静かなのが当たり前で，赤ちゃんが泣く
　　のはやっぱり迷惑になる

　まったくの「善」と「悪」の構図にはなりませんが，議論の中で，Bの立
場の生徒は，「思いやりのいない生徒」というイメージで見られることにな
ってしまいます。ここに，この方法の問題点があります。次に紹介するジレ
ンマを使った道徳の方が，より現実的で効果的と言えます。

2 登場人物のジレンマを捉えて道徳的価値を深める

プラスとマイナスという葛藤ではなく，**登場人物のジレンマを捉えて授業を進めるという方法**があります。ジレンマとは，「相反する２つのことの板ばさみになって，どちらとも決めかねる状態」のことを指しています。道徳の授業の場合のジレンマは，２つの道徳的価値の間で揺れ動く登場人物の心の葛藤のことを指しています。この手法は，アメリカの道徳心理学者・コールバーグによって発案されたもので，この葛藤が子どもの成長に大きな役割を果たすとされています。つまり，この場合は，どちらも道徳的価値が高く，「善（プラス）」と「善（プラス）」の葛藤と言ってもよいでしょう。先述のプラスとマイナスの葛藤よりも，道徳的価値にかかわる議論が進めやすく，より高い価値についての議論が期待できます。

中学校の定番教材である「カーテンの向こう」（愛知県教育振興会他）を例に具体的に説明しましょう。

「カーテンの向こう」あらすじ（内容項目…誠実，思いやり）

重症患者達がベッドを並べて横たわっている病室。唯一の楽しみは，病室の閉ざされた窓に一番近いヤコブが，カーテンのほんの小さなすき間に顔を突っ込んで外の様子を眺め，それを話してくれること。しかし，「私」はヤコブしか外の世界を見られないことに不満を抱いていた。いつしか自分が窓際のベッドに移るためにヤコブの死を願うようにさえなる。ついにヤコブは息を引き取り，「私」はカーテンの外の景色を見ることが出来たが，目にしたカーテンの向こうの景色は，なんと冷たいレンガの壁であった…。

この場合のジレンマはどこにあるでしょうか。それは，カーテンの向こうが壁であることを知った「私」の思いにあります。この後，ヤコブと同じようにつくり話をして病室の患者を楽しませるか，本当のことを伝えるかとい

うジレンマです。例えば，「カーテンの向こうが壁であることを知った『私』は，どうしたらよいでしょうか？」と発問します。

【思いやり】ヤコブと同じようにつくり話をする
- ・せっかくヤコブがやってきたんだから，同じように続けた方がよい
- ・本当のことをいうと，ヤコブが嘘をついてきたことになってしまう
- ・ヤコブの思いを継いで，みんなを楽しませた方がよい
- ・壁であることを他の人に伝えてしまうと，これからの楽しみが無くなってしまい，生きる希望をなくしてしまう

【誠実】本当のことを伝える
- ・いつまでも嘘をつき続けるのは苦しいのではないか
- ・他の患者を騙すことはよくないので，本当のことを言った方がよい
- ・本当のことを言ってスッキリしたい
- ・ヤコブは，悪気があってやったわけではないので，これからはみんなで楽しい話をすればよい

　このように，2つの道徳的価値のはざまで生徒の考えは揺れ動くことになります。どちらも高い道徳的価値があり，ジレンマが起きています。

　このジレンマは，生徒にとっては大変重要な「問い」となります。ジレンマという大きな「ズレ」から生徒の問題意識は大きくなり，これを解決しようとする思いが強くなってきます。教師は，いつまでもこの2つの対立をさせ続けるのではなく，生徒とともにこの「問い」の解決に向けた話し合いを進めていきます。先述したような補助発問を繰り返しながら，問題解決に向かって議論を進めます。

　ただ，1つ注意しなくてはならないのは，2つの内容項目を扱うという点です。**ねらいをどちらかに絞るのか，両方ともねらいとするのかがポイント**になります。2つをねらいとするということは，どちらも不十分なままの議論になる可能性があるからです。この点は十分に気をつける必要があります。

40 発問の立ち位置を捉える

1　発問の４つの分類を活用して授業づくりをしなやかに行う

1　発問の４つの分類を活用して授業づくりをしなやかに行う

　東京学芸大学の永田繁雄先生は，発問の種類について，発問の立ち位置によって４つの区分に分けて，わかりやすく説明をしています。この分類を意識して発問設定をすると，授業づくりが一段と楽しくなってきます。

　次ページの図をご覧ください。

　永田先生は，「主人公の立場か自分自身の立場か」という軸と「主人公に自分を重ねるか主人公を客観的に見るのか」という軸の２つの軸を基に発問を４つに分けました。

A　共感的な発問

主人公の気持ちや考えに共感し，それを想像する発問

「この場面で，主人公はどんな気持ちだったでしょうか？」

「この場面で，主人公はどんなことを考えていたでしょうか？」

B　分析的な発問

主人公の行動や考えについて，理由や意味を考え，そこから学ぶ発問

「なぜ，主人公はそのような行動をとったのだろうか？」

「この拍手にはどのような意味があるのだろうか？」

C　投影的な発問

主人公に自分自身を置き換えて，自分のこととして考えさせる発問
「もし自分が主人公だったら，この場面でどうしますか」
「自分だったら，この場面でどのようなことを考えますか」

D　批判的な発問

主人公の考え方や行為に対して自分なりの意見や考えをもたせる発問
「運転手がとった行動について，どう思いますか」
「イチローは，そのように決断してよかったのだろうか」

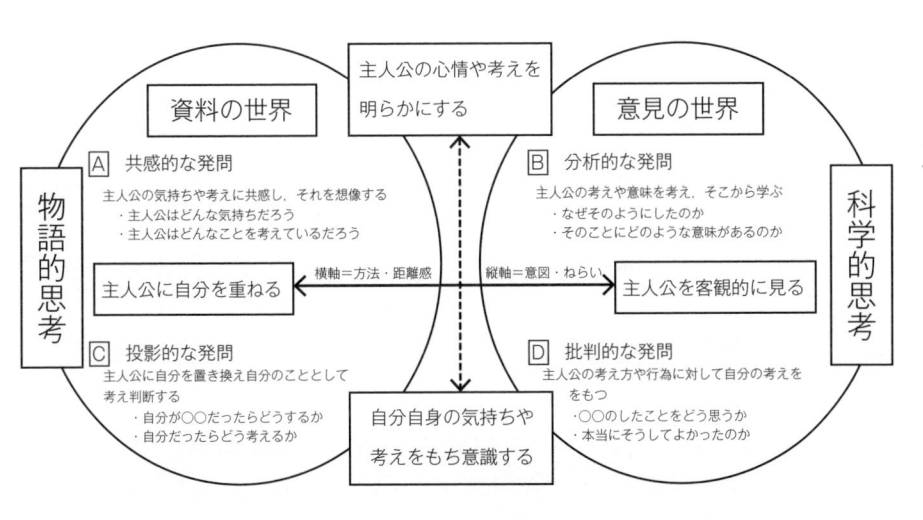

『道徳教育』2016年2月号 p.72の表等を基に作成

　あまりおすすめできる取組ではありませんが，同じ場面でこの4つの分類を使って発問をつくってみましょう。その違いを感じていただければ幸いです。

　教材「二人の弟子」の最後の場面（智行が涙を流す場面）で発問を考えてみましょう。

A　共感的な発問
「涙を流している智行はどんなことを考えているのでしょうか？」

B　分析的な発問
「智行の涙にはどのような意味があるでしょうか？」

C　投影的な発問
「自分が智行であったなら，上人の言葉をどう受け止めますか？」

D　批判的な発問
「白百合を見て，涙を流している智行のことをどう思いますか？」

　若いころ，先輩の先生から，「主人公はどんな気持ちだっただろう？」という心情理解中心の発問をするように指導されたことがありますが，どうしても毎回同じパターンになってしまい，授業に深まりが出なかったことを思い出します。こうした様々な発問の分類があれば，違った授業展開になっていたことでしょう。

　これから道徳の授業実践を重ねていく経験の浅い先生方には，この4区分表をいつも手元に置き，授業づくりから楽しく取り組んでほしいと思います。自分の学級の生徒の実態や教材の内容に合わせて，これらの発問を組み合わせ，授業の中での生徒の探究を深めるとともに，道徳的価値に関する議論が白熱するような授業実践にチャレンジしてほしいものです。

第6章

「考え,議論する道徳」を支える板書がもっとうまくなる4の技

41 形式にとらわれず
議論の足跡を残す

ポイント

1 板書は美しく飾るものではなく，議論のツールとして活用する
2 授業後も掲示物として授業の足跡を残す

1 板書は美しく飾るものではなく，議論のツールとして活用する

授業の中で，板書はとても重要な役割を果たしています。

・生徒の考えや意見を見える化（可視化）する【伝達的な役割】
・生徒の考えや意見を分類したり比較したりして生徒の思考を広げたり，深めたりするため【共有的な役割】
・授業の足跡（記録）として残すため【記録としての役割】
・授業の振り返りをするため【発展的な役割】
・メモとしての活用【事務的な役割】

これらの役割は，生徒の道徳性を養うという大きな目標のためのものであり，「考え，議論する道徳」の実現のための役割であると言えます。

つまり，**板書は話し合いや議論のために使われる大切なツール**であるということです。決して美しくなくてもよく，美しい字じゃなくてもよく，ましてや芸術作品である必要はありません。もちろん，縦書きでも横書きでもどちらでも大丈夫です。**形式にとらわれないことです。**

生徒とともに道徳的価値について話し合う際の重要なツールの1つとして

活用することが大切です。

2 授業後も掲示物として授業の足跡を残す

板書は，授業中だけでなく授業が終わってからも大きな役割があります。どういうことかというと，教室内に1年間の授業の足跡を残すということです。**個人としての成長だけでなく，学級としての成長を感じることができる**からです。学級の「安心感（セーフティ）」を確実なものにする意味でも大きな効果があります。

まず，板書をデジタルカメラで撮影します。そこにどのような議論をしたかという簡単なメモ書きをします。これだけでOKです。板書を見れば議論の様子を思い出すことができるからです（下記掲示物参照）。

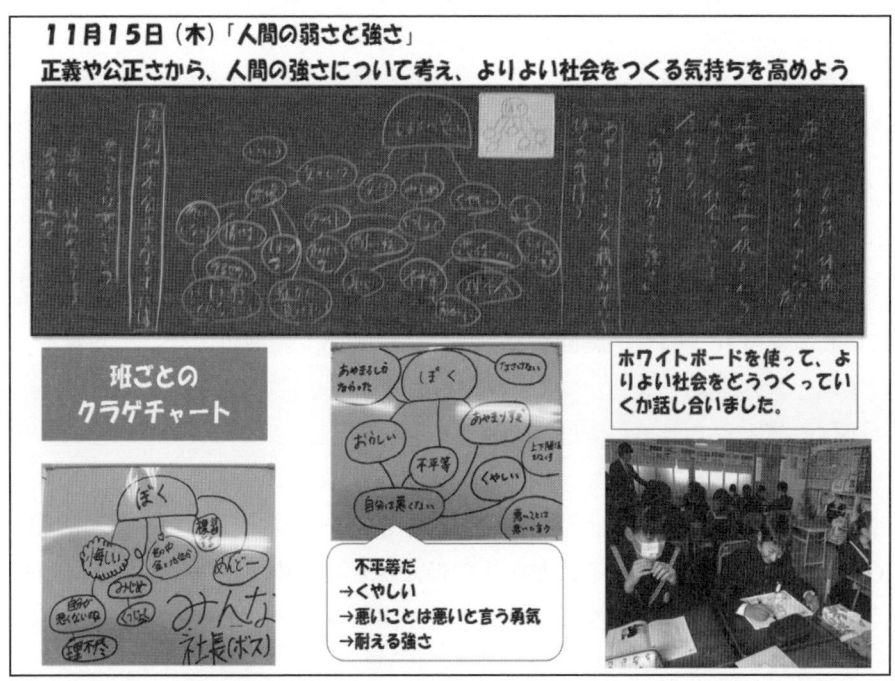

上段が板書，下段がミニホワイトボードの記録と活動の様子

42 生徒の意見を短く表現する

ポイント

1 書く時間は短く，文章表現も短く
2 周辺教具（ICT や場面絵等）の活用でさらに時短を図る

1 書く時間は短く，文章表現も短く

板書が授業を進めるうえで大切なツールであることは先述の通りですが，生徒の意見を大切にし，板書を美しく仕上げたいという思いが強すぎて，次のような光景を目にすることが多々あります。先生が丁寧に生徒の意見を板書している間，生徒は何もすることがなく，ただ先生の板書する音と先生が黒板に向かってしゃべっている声が聞こえてくるだけという光景です。

本当に大切にしたいのは，生徒とともに考える時間です。**議論する時間を確保し，無駄な「間」の時間をなくすには，短い文章表現で生徒の意見を表現することが大切**です。

生徒に背中を向ける時間は極力短くしましょう。多少汚い字になってもかまいませんから，できるだけ早く議論を続けさせていきます。生徒が答えて，すぐに板書しなくてはならないということもありません。**数名の考えを聞いてから，まとめて板書することも 1 つの方法**です。また，**生徒が言った通りに，長々と黒板に書き綴ることは避けるべき**です。生徒の発言の中のキーワードを捉えて，短い文章で表現します。例えば，次のように短くまとめて表現します。

> **生徒の発言**
> 「僕は，一生懸命やってきた自分の努力を考えると簡単に道信を許してしまう上人のことがよくわからず涙を流したのだと思います」
>
>
>
> 「簡単に許してしまう上人への疑問」「自分の努力はどうなる」

　この生徒の発言をそのまま板書するとかなり長くなってしまいます。キーワードのみ捉えて上記のように2つの文章にして板書します。この方が，この後の議論においても，瞬時にこれまでの意見や考えを確認することができます。したがって，教師自身が生徒の発言の中から，キーワードをつかみ取る力をつけていくことが大切になります。

2　周辺教具(ICTや場面絵等)の活用でさらに時短を図る

　生徒の発言を短く板書に表現することが，議論を円滑に運ぶための1つの方法であることを確認しました。その他にも，次のような工夫をすることで，時間を短縮し，議論を活発にさせることができます。

> ・場面絵の提示…中心場面の絵を提示し自我関与しやすくする
> ・ICT を活用したあらすじ確認…視覚にも訴えながら場面を確認する
> ・フラッシュカード…発問やキーワード，タイトル，教材等をあらかじめ準備しておく
> ・実物投影機（OHC）…配付物や生徒のワークシート等を直接表示する
> ・ネームプレート…生徒名入りのプレートによって立場を示させる

43 時系列的な板書と構造的な板書を使い分ける

1 場面ごとの価値の追求をするには時系列的な板書を使う
2 人物の関係や考え方の違いを明確にするには構造的な板書を使う

1 場面ごとの価値の追求をするには時系列的な板書を使う

時系列的な板書は，これまでも伝統的に多くの学校で実践されてきた方法です。読み物教材の場面を追うごとに発問され（場面発問），それに対する発言を板書していくという方法です。これは，共感的な授業展開の場合に多く活用されています。

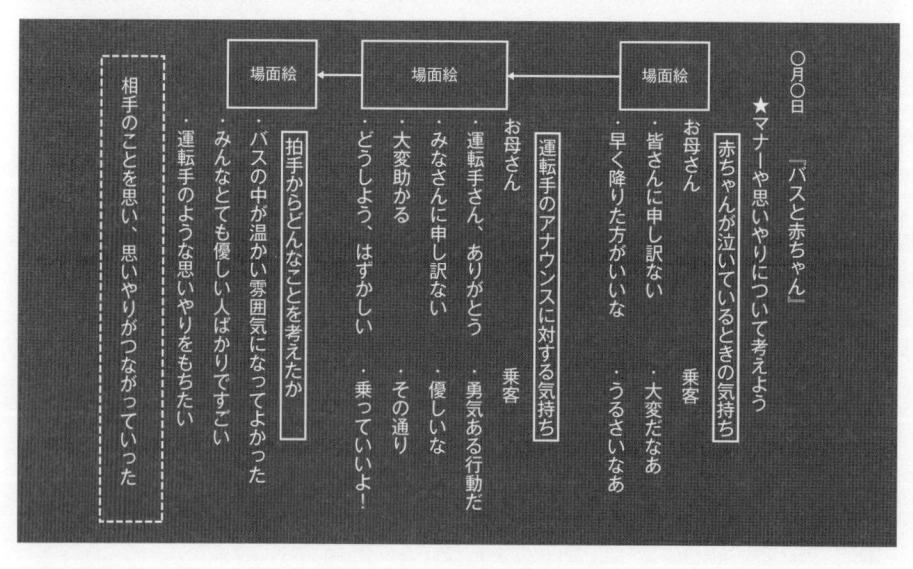

　この板書の特徴としては次のようなことがあげられます。

> ・時系列で板書をするため，右から左への縦書きが一般的となる
> ・登場人物に寄り添うため，やや国語の板書に近い形となる
> ・場面絵やフラッシュカードで時の流れを明示する
> ・あらかじめ発言が予想でき，予定調和的な板書となるため，いわゆる「教師の押しつけ」にならないよう気をつける必要がある

　この方法は，比較的実践しやすい方法であるため，道徳の授業に慣れていない教師や学級にとっては，話し合いのベースをつくっていくうえで効果があると考えられます。

2　人物の関係や考えの違いを明確にするには構造的な板書を使う

　授業展開が場面ごとではなく，テーマ的な発問を中心に進められていく場合には，時系列的な板書では道徳的価値を深めることが難しくなります。この場合には，登場人物の関係や生徒の考え方の違いがはっきりとわかるような板書をする必要があります。生徒の主体的な探究学習を助けるような板書構成をするということです。

　例えば，2つの例を紹介しましょう。

　1つは，登場人物の関係を明確にした板書です。教材「バスと赤ちゃん」の「乗客の拍手にはどのような意味があるのだろう」という分析的なテーマ発問に対して，次ページ①のような板書構成を考えます。母親と運転手の思いを確認してから，乗客の拍手の意味を考えさせ，生徒の考えを板書していきます。その際に，この3つの立場の関係がよりはっきりとわかるように，矢印等を使って関係づけていきます。この方法では，生徒から予期せぬ発言が出てくることも考えられますが，柔軟に対応することができます。板書を議論の場とするために必要なことです。

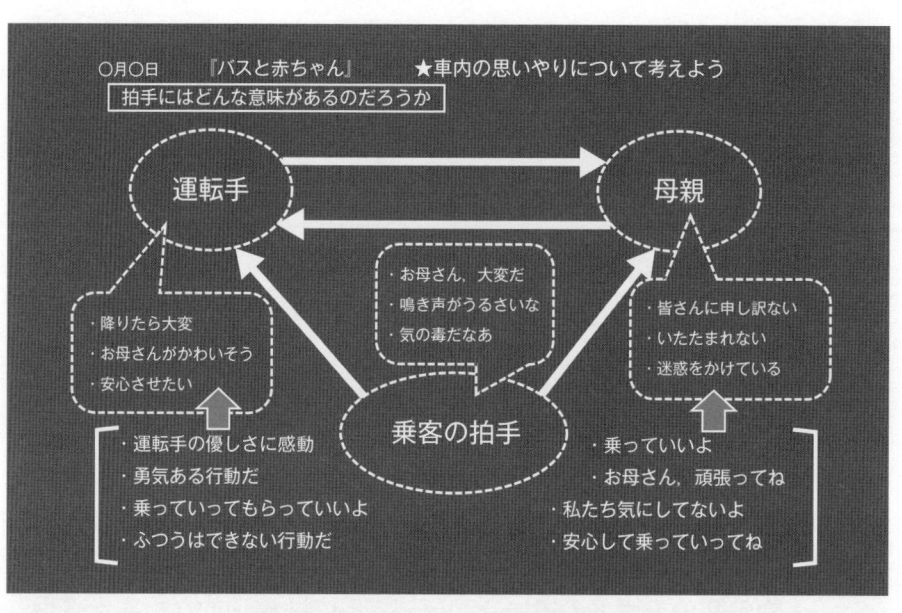

①登場人物の関係を中心とした構造的板書

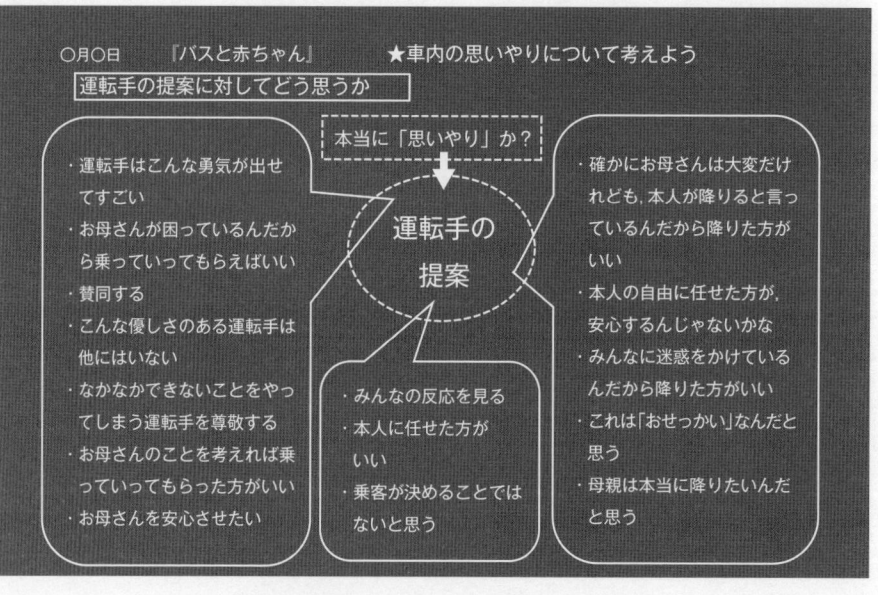

②生徒自身の考え方の違いを明確にした板書

　もう１つは，生徒自身の考え方の違いをはっきりさせる板書です。前ペー
ジの②をご覧ください。こちらは「運転手の提案に対してどう思うか？」と
いう批判的なテーマ発問に対する板書構成です。この発問に対しては，運転
手に共感的な考えとそうではない考えの違いがはっきりとしてくる可能性が
高いので，大きく２つの考え方の違いがわかりやすいように構成を考えます。
そして，第三の考え方も認めながら，「本当の思いやりってなんだろう？」
という補助発問を中心に道徳的価値にかかわる議論を進めていきます。した
がって，それらが板書の中で一目瞭然となるような構成が必要になります。

　このように，構造的な板書は，授業の中での主体的な生徒の探究学習を進
めるうえでなくてはならないものです。美しくきれいに仕上げる芸術的な板
書ではなく，**黒板を舞台にして，生徒の多面的・多角的な考えが表現される
場とすることが大切**なのです。

　また，ときには，生徒自身が板書をすることもあります。黒板は先生だけ
のものではありません。生徒とともに考える場ですので，生徒が前に出てき
て，自分の言葉で自身が書くこともあります。

135

　このように，板書を形式的なものと捉えずに，授業展開や教材によって柔
軟に使い分けることが大切です。そして，何よりも板書が生徒の思考を助け
る１つのツールとして活用していくことが大切です。授業後には，それが議
論の足跡として残されていきます。

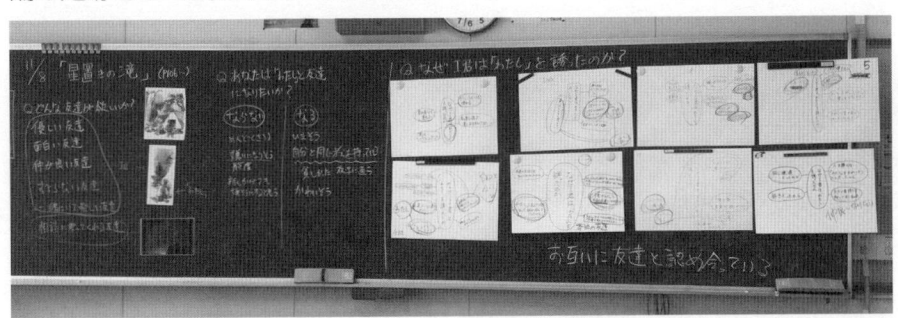

ホワイトボードを併用した例

44 構造的な板書の切り札として思考ツールを活用する

1　板書にも思考ツールを活用して，議論を深める

1　板書にも思考ツールを活用して，議論を深める

「考え，議論する道徳」の実現のために，対話は欠かせないものです。しかし，生徒に「考えましょう」「話し合いましょう」と声をかけても，何をどう考えるのかがわからなければ，深い議論はできません。**「分類しましょう」「比較しましょう」といった具体的な活動の指示が必要**です。そうした意味で，思考ツールは情報が可視化されるばかりでなく，分類や比較，整理，分析等の具体的な議論の方向性を明確にしてくれます。第2章では，小集団での活用について説明しましたが，ここでは板書に思考ツールを活用し，学級全体で議論を深めることについてお話しします。下にイメージマップを使った板書例を掲載しました。次ページは教材「バスと赤ちゃん」の板書です。

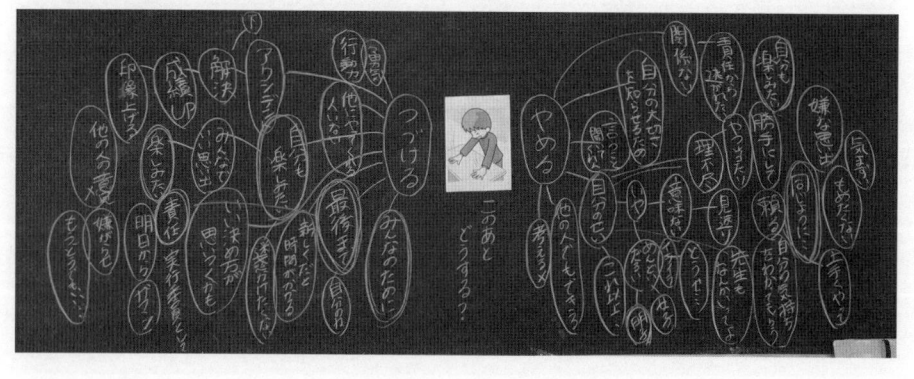

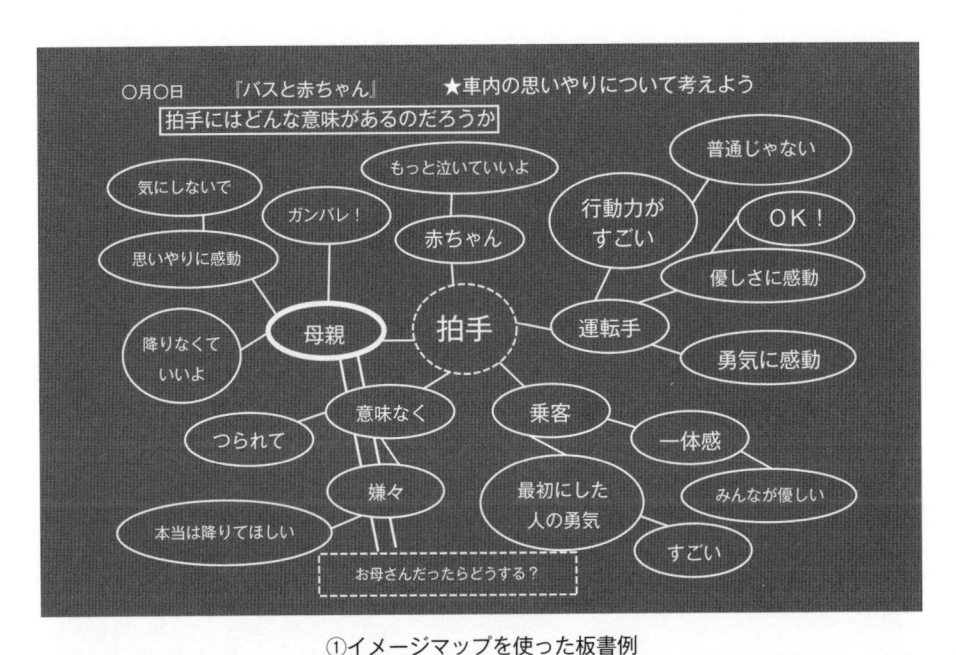

①イメージマップを使った板書例

○月○日　　『バスと赤ちゃん』　　★車内の思いやりについて考えよう

拍手にはどんな意味があるのだろうか

・すごい配慮ができて感激
・思いやりのある行動
・ふつうはできない行動
・賛同しますという拍手
・勇気ある行動に感動
運転手に対して

・最初に拍手した人すごい
・みんな同じ意見だよ
・みんなが拍手するから
・本当は嫌だけれども仕方なく
・なんとなく雰囲気で拍手
乗客に対して

拍手

母親に対して
・乗っていっていいよ
・お母さん,頑張って
・気にしていないですよ
・思いやりのあるお母さん

その他
・赤ちゃん,もっと泣いていいよ
・このバスの中の一体感に感動
・みんながしていたので

②フィッシュボーンを使った板書例

①のイメージマップを使った板書では，生徒の考えがどんどん広がっていきます。また，②のフィッシュボーンを使った板書では，生徒の考えを分類・整理することが容易にでき，可視化されていきます。この後，分類した内容について補助発問をし，道徳的価値にかかわる議論を深めていきます。

　このように，板書においても思考ツールの活用が可能です。第2章では，ペア学習や小集団学習での活用でしたが，**板書は学級全体で交流する際の共通の土俵**となります。ここでも思考ツールが大きな役割を果たす大きな可能性をもっています。

　「議論がどの方向に進むかわからないので不安です」

　こんな不安をもつ方がいらっしゃるかもしれません。**教師が1つの方向にもっていこうとするときに，こうした不安が生まれてきます。**生徒とともに考えるという姿勢をもち，十分な補助発問を用意して，次々発せられる考えを交通整理しながら，生徒個々の「納得解」がもてるよう授業を進めてみましょう。

　道徳の授業はライブです。生徒と先生がともに生き方について考えるステージです。板書はそのライブの大切なツールとなります。

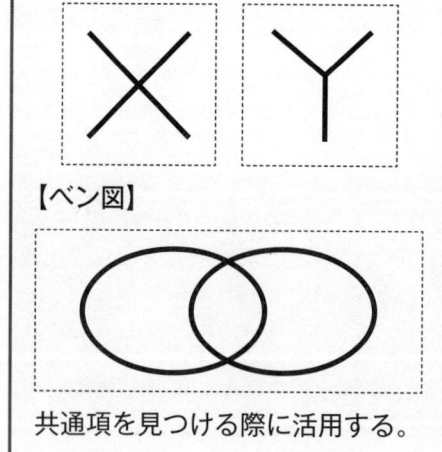

【Xチャート，Yチャート】
生徒の意見や考えを4分類あるいは
3分類して整理する際に活用する。
分類しながら板書する。

【ベン図】

【ピラミッドチャート】
考えを順に積み上げ
ていき，だんだん洗
練された考えにして
いく思考ツールとし
て活用する。

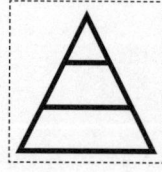

共通項を見つける際に活用する。

第7章

白熱する楽しい道徳授業づくりがもっとうまくなる6の技

45 タブーにとらわれず 自分の頭で考える

ポイント

1　明確な指導観をもつ教師の前にタブーは存在しない
2　タブーやセオリーを見直し，道徳科の授業に生かす

1　明確な指導観をもつ教師の前にタブーは存在しない

道徳の教科化以前には，授業を行うにあたって，「タブー」や「セオリー」というものが存在していました。「○○をしてはならない」「○○をしなくてはならない」という決まり事のことです。**問題は，このタブーやセオリーを鵜呑みにして，理由や根拠を考えることもなく，その通りに実践することが多かった**ということです。月刊『道徳教育』2013年11月号（明治図書）には次のようなタブーやセオリーが紹介されています。

実は，これらのタブーやセオリーには，明確な根拠や理由があります。大切なのは，それらを理解し，タブーやセオリーに縛られないということです。明確な指導観をしっかりもっていれば，タブーやセオリーは問題ではありません。生徒の道徳性の成長に結びつくことであれば，ここにあるようなタブーやセオリーを気にせずに，大いに実践することです。

①資料の範読は教師がすべし
②展開は前段と後段に分けるべし
③展開後段では自己を振り返るべし
④発問では「なぜ」と問うべからず
⑤資料の分断は言語道断
⑥方法的な解決の話し合いはするべからず
⑦相互指名はするべからず
⑧終末での決意表明は言語道断
⑨一時間は一資料一価値で行うべし
⑩道徳授業は座学なり

2　タブーやセオリーを見直し，道徳科の授業に生かす

　では，前ページのセオリーのいくつかを見直し，いかに授業に生かすかを考えてみましょう。

①教材の範読

　基本は，やはり教師の範読であると思います。しかし，**資料の提示には，様々な形があります。**中学校では，先に紹介したように「事前読み」をする授業も多く，授業前に何度も黙読させ，気になる箇所にラインを引かせることもあり，内容をしっかり理解させるうえで大切な活動と言えます。ただ，意図もなく生徒に１回だけ黙読させてから授業に入る方法はよくありません。

②③展開の前段と後段

　教科化以前は，展開の前段は教材を使って価値の追求をし，後段は，教材から離れて生徒自身の生き方を見つめさせ，自分の生活経験を語らせる授業が多く行われました。残念ながら，後段に入ると生徒のモチベーションが一気に下がり，お通夜のような研究授業を多く見てきました。生徒は，教材を考える中でも十分に自己を見つめており，教材から離れなくても十分に自分事として考えています。ですから，**無理に教材から離れずに授業を展開することをおすすめします。**振り返りの時間は，１時間の授業に学んだこと（納得解）を確認する時間として終盤に設定しましょう。

④「なぜ」という発問

　「なぜ」という問いは学習の起点で，生徒にとっては当たり前の問いです。主人公や自分自身の生き方を見つめるうえで重要な問いの１つであり，大いに活用すべきです。タブー視されてきたのは，**「なぜ」という発問をすると，生徒が教材の本文から理由や根拠を見つけ始めるという国語的な行為を目にすることが多くなったからです。**この点も理解したうえで「なぜ」という分析的な発問を大いに活用してほしいと思います。

⑤教材の分断について

　結論から言えば，教材の分断は，授業のねらいを達成させるために教師が明確な指導観をもって行うのであれば，なんら問題がないと言えます。しかし，次のような授業が多くみられるようになり，「分断はよくない」というタブーが登場してきました。

> ・途中で分断して，生徒に先を予想する議論をさせ，その後残りの部分を提示して授業を終えるという授業
> ・推理ゲームのような授業展開に対する「盛り上がった」という勘違い
> ・教材の一部を隠し，その部分を提示しないまま終えてしまう授業（隠された部分にある大切な価値が議論されないまま「浅い学び」に終始してしまうことへの危惧）

　こうしたことをよく理解したうえで，生徒の道徳性を養ううえで効果があると判断して，明確な指導観をもって分断するのであれば問題はありません。ここで，もう1つ考えなくてはならないのは，教科書の存在です。生徒は，教科書に興味があり常に活用します。教材も先に読んでいる生徒がたくさんいるということです。とてもよいことですね。そう考えると，分断してもあまり意味がないのかもしれません。**生徒が教材をすべて読んでいても，プロの教師であるならば，文章だけでは学べないことを学ぶ「深い学び」へと誘ってくれます。**

⑥方法的な解決の話し合い

　このセオリーは，とても重要な意味をもっています。質の高い多様な指導方法の1つである問題解決的な学習において，このことが大きな授業のポイントとなるからです。

　教材「バスと赤ちゃん」で「お母さんが安心して乗っていくことができるようにするにはどうしたらよいでしょう？」と発問した際に，次のような意

見が出てきます。

・赤ちゃんをみんなであやす　　　・バスの窓を全開にする
・赤ちゃん専用ボックスをつくる　・みんなで泣く

　これらはすべて方法論です。中には非現実的なものもあります。これだけの議論であったら，自己を見つめるという道徳科の学習からはかけ離れたものと言わざるを得ません。方法論が出ることは当たり前ですが，次の点に留意することが大切です。そうでないと特別活動の授業になってしまいます。

> ・方法論を議論する前に，道徳的価値についての議論がしっかりと行われていること
> ・方法論を議論するのではなく，なぜそうした方法を考えたかという判断力や心情，意欲や態度を話し合うこと

⑦相互指名

　相互指名をする場面と教師が意図的指名をする場面を区別して活用すると効果があります。すべて相互指名では，価値の深まりに欠ける恐れがあります。

> ・相互指名　…展開の前半の多様な考えを拡散する段階での活用
> ・意図的指名…展開の後半の価値を深める段階での活用

　ただし，**相互指名を行うには学級の中に「安心感」があることが大前提**となります。

⑧終末での決意表明

　強制的に行われたものではなく，**追究や振り返りの中で生徒自身の口から自然と発せられるものには大きな価値がある**と捉えましょう。

46 現代的な課題を扱う教材には ゲストティーチャーを招く

ポイント

1 ゲストティーチャーとの打ち合わせを綿密に行う
2 生徒の考えとゲストティーチャーの体験の「ズレ」を生かす

1 ゲストティーチャーとの打ち合わせを綿密に行う

読み物教材において，実話ではあるが，日常的ではなく，生徒の生活からはやや遠く離れた存在の教材があります。アスリートの偉業や偉人の生き方を扱った教材や大自然や神秘的な世界，宇宙などを扱った教材，戦争や飢餓，貧困などの国際的な問題を扱った教材，障害やLGBT，難病などのマイノリティを扱った教材などです。これらの教材は，様々な困難と葛藤を乗り越え，感動的な結末に至るものがほとんどです。

しかし，これらの話は，生徒の日常とは遠い世界で起こっている内容であることも多く，なかなか実感をもって授業に臨むことができない状況にあります。**生徒にとって，「感動」はあるものの，あくまでも遠い世界の出来事，自分とは違う遠い存在の人間の話というイメ**ージの方が強くなります。では，これらの遠い世界の実話を実感をもって話し合うことができるようにするにはどうしたらよいでしょうか。遠い世界の話と日常を結びつける存在，それこそがゲストティーチャーなのです。

ゲストティーチャーには次のような効果があります。

144

・授業のねらいに直結する当事者の声としてのリアリティと切実感を教室に持ち込むことができる

・現実的な問題をゲストの生の声から考えることによって，話し合いや議論が現実味を帯びたものとなり実感としての道徳科の授業となる

・遠い世界の出来事として感じた教材の内容を，自分自身の問題として捉え直すことができる

・ゲストティーチャーは，担任と連携したもう1人の教師となり，生徒を揺さぶるとともに，生徒の考え方に「ズレ（問題意識）」を起こさせる

・ゲストティーチャーと一緒に活動することで，その人の生き方を自分の生き方に生かすことができる

　このように大きな効果が期待できるゲストティーチャーですが，こうした効果を生み出すためには，綿密な打ち合わせが必要となります。この打ち合わせ次第で授業の成否が決まると言っても過言ではありません。

①授業に参加してもらう趣旨やねらいを説明しておく
　・ゲストへの丸投げにならないよう，あくまでも指導者がイニシアティブをとる
　・ゲストに語ってもらうだけでは，ゲストの効果は半分以下
②授業を受ける子どもたちの状況を理解してもらう
③授業の流れと本時のねらいを理解してもらう
　・一緒に授業をつくっていくパートナーであるという意識をもってもらう
④必要に応じて体験的に学べる機会を与えてほしい旨の依頼をしておく
⑤子どもの発言に対する感想やコメントもいただくことを伝えておく
⑥具体物があれば，用意してもらう
⑦準備物の確認をしておく
⑧ゲストティーチャーの考えを整理し，何を子どもたちに考えさせるかを共通理解する

　上に示した8つのポイントを大切にして授業準備を進めます。なぜ，これほどの準備が必要なのか不思議に思われる方があるかもしれません。

ゲストティーチャーを招いた授業というと，ゲストに1時間丸投げをしてしまったり，「最後の10分だけ自由にお話しください」とまとめで使ったりという乱暴な活用方法が多いですが，これではゲストのよさが引き出されてきません。**あくまでも私たち教師が主たる指導者となり，ゲストとのティームティーチングという形をとることで，ゲストのよさが生かされるだけでなく，道徳的価値を深める議論が活発になります。**ですから，綿密な打ち合わせが必要になるのです。

2　生徒の考えとゲストティーチャーの体験の「ズレ」を生かす

　生徒は，まだ人生経験が少なく，現代的な課題に対する知識も少ないため，表面的な話し合いに終始しがちです。そこでゲストの登場です。発問に対する生徒の議論を参観したゲストティーチャーは，その発問に対する自分の経験や考えを生徒に伝えます。多くの場合，ここで生徒は新しいことを知ったり，自分の考えとの違いを認識したりします。これが大切な「ズレ」です。

●**導入**（ねらいとする道徳的価値について学ぼうとする構えをもつ段階）
　・1時間の学習を意欲的に進めるために，興味を引くような紹介を行う
　・簡単な自己紹介から人物への興味をもたせる
　・ゲストの特色をつかませる

●**展開**（道徳的価値の追究把握の段階）
　・道徳的価値についての感じ方，考え方を耕す
　・体験談を中心に<u>心情を語ってもらい</u>，子どもたちの心を揺さぶる
　・子どもたちのイメージとは違う<u>ギャップを感じさせる</u>場面を用意する
　・子どもたちの考え方に対する<u>感想や意見を語ってもらう</u>

●**終末**（ねらいとする道徳的価値にかかわる意識の持続化を図る段階）
　・道徳的価値のよさや難しさを実感できるように，説話を聞く
　・「生きる」ことにつながるようなメッセージをいただく
　・1時間の授業を通しての子どもたちの成長や感想を語ってもらう

　この「ズレ」から生徒には新たな「問い」が
生まれ，深い学びへの追求が始まります。この
段階からはゲストも一緒にその追求に加わって
もらいます。こうして，**ゲストティーチャーも
一緒になって道徳的価値を追求する授業は，生
徒に現実感（リアリティ）を感じさせるととも
に，問題の解決に向けた道徳的な意欲や態度を
養ってくれます。**

　以下に，地元の企業の社長さんをゲストティーチャーとしてお招きした際
の授業の流れを参考例として示します。

147

---

①自作教材『涙の5万円』…ゲストティーチャーからの聞き取りにより作成
　　倒産をした際に，人の優しさや思いやりにふれ，それが生きていくうえでの大きな力になったという実話
②ゲストティーチャー…地元の会社社長（金属加工業）
③内容項目…思いやり，感謝　B -⑹　※中学2年生対象
④授業の流れ

＜学習活動＞	＜ゲストティーチャーの活動＞
資料を読む	自己紹介を兼ねて簡単な補足をする
↓	
中心発問	

　なぜこの5万円は○○さん（ゲストティーチャー）を変えたのだろうか

・温かい声をかけてもらったから
・励ましてもらったから
・少しでも立ち直りの資金になるから
・悪い人ばかりでないことがわかったから
・応援してくれる人がいるから

「私は当時，階段から突き落とされそうになったり，毎日お金を取り立てられたりして，人を信じることができなかった」（社長）

　生徒とゲストのコメントの「ズレ」から再度，話合い

・当時の5万円はかなりの金額らしく，相手を信じることができたから
・やり直せるという自信をもたせてくれたからではないか
・自分の生活より，○○さんのことを優先して考えてくれたからではないか

　ゲストティーチャーからの中心発問に対する語り

47 p4c（子どものための哲学）で とことん議論する

1　生徒自身が「問い」を立て，自分たちで探究する

「p4c」とは，「子どものための哲学（philosophy for children）」のことで，アメリカの哲学者・教育学者であるマシュー・リップマンが開発した子どもたちによる「対話による探究」のことです。教師が子どもたちを教えたり導いたりするのではなく，子どもたちが自分たちで問いを立て，その答えを見つけ出すために，車座になり集団で「対話」を行い，互いに学び合うという形をとります。対話をする際にポイントとなることがあります。

- ・車座になり，コミュニティボールと呼ばれる毛糸の球を使って対話を進めます。この球を触っていると安心して話ができます。
- ・毛糸のボールには，「持った人だけが話せる」「話したくないときはパスしてもよい」「挙手した人に渡すときには，まだ話してない人を優先する」などのルールがあります。
- ・教師も1人の参加者としてさらなる疑問（発問）を投げかけます。子どもから疑問が出れば最高です。

この p4c という方法の特徴は，**生徒自らが問いを立て，生徒が対話を繰**

り返しながら，「問い」の解決に向けて議論を進めるところにあります。したがって，この方法は問題解決的な道徳科の授業を進めるのに大変適しています。道徳科の授業に導入する際には，次のような基本的な形で実践されることをおすすめします。

> 導入→教材の提示→問いを立てる→ p4c 的対話→振り返り→終末

　問いを立てるという活動があるため，2時間完了の指導計画を立てることもあります。学級の実態や指導のねらいに応じて計画することが大切です。
　さて，この授業展開でポイントとなるのは，「問い」の設定と p4c 的な対話の活動です。次ページの教材「風に立つライオン」（廣済堂あかつき）を基にした問題解決的な授業から簡単に説明します。

問いの設定

　この授業の場合，この教材のモデルとなっている医師の生き方を確認し，さだまさしの有名な楽曲「風に立つライオン」の歌詞を読ませます。そして，その後に「疑問に思ったこと」「話し合いたいこと」「強く印象に残ること」などを自由に出させます。それらを分類するとともに，どれについて話し合うかを学級全体で決定します。決定方法は，多数決であったり，教師が決めたりと学級の状態に応じて決めることが大切です。

p4c 的対話

　この授業の場合は，教師が指導案にあるような「問い」を決定しました。この問いについて，コミュニティボールを回しながら車座になって対話を進めます。途中で，対話が途切れたり，意見が対立したまま硬直してしまったりする場合があります。そうしたときには，教師が補助発問を繰り出すことによって，深い学びへと誘っていきます。

コミュニティボール

指導案例 ◆教材名「風に立つライオン」 指導過程 （D -22よりよく生きる喜び）

区分		学習活動	予想される生徒の反応	指導上の留意点と評価
導入	方向づけ	1．価値判断ワークを行う。 2．本時の目標を知る。 人生の中で「何を求めるか」について話し合う。		・迷う生徒にも判断を2択で行わせる。 ・簡単に理由を聞く。
展開	価値の追求・把握と主体的自覚	3．島田医師の話を聞く。 4．自分が島田医師であったらアフリカに行くかどうかを話し合う。 5．島田医師の生き方について話し合う。 (1)島田医師の手紙（歌詞）の範読を聞く。 (2)問題を設定する。 島田医師の手紙や生き方で疑問点や印象に残る点はどこですか。 (3)問題に添って島田医師の生き方を p4c で話し合う。 島田医師はなぜアフリカにとどまる決心をしたのだろうか。 ★「辛くないといえばうそになる」について ★「風に立つライオン」の意味 ★なぜ，環境の厳しいアフリカに残るのか ★島田医師は，何を求めているのか ★島田医師は幸せなんだろうか 6．島田医師から学んだことをまとめる。	・恋人や日本の生活が大切だから行かない。 ・夢を実現させたいので行く。 ・なぜ日本に帰らないか。 ・大変意志が強い人だと思う。 ・アフリカの大自然と人々の清らかさ人間らしさに感動したから残ったと思うが，それは厳しい決心だったと思う。 ・人を救いたい気持ちが強いから残ったと思う。意志が強い人だと思う。 ・帰るべきであると思う。支えてくれる人や心配してくれる人に申し訳ないと思う。 ・誰かのために尽くそうという気持ちの強さを感じた。 ・苦しい中にこそ，本当の喜びが生まれるのかもしれない。	・PP データを参考にさせる。 ・簡単に触れ，揺れ迷う気持ちを実感させる。 話し合いの手順 個人→小集団→全体 ・ウエビングを利用して意見を整理する。 ・設定した問題を解決するための補助発問を事前に用意する。 ・様々な問題を抱えるアフリカでの生活や恋人や家族，患者の立場から考えさせる。 ・自分の問題として捉えさせる。 アフリカにとどまる決心を多角的に考えることができたか（ワークシート：判断力） ・机間指導で声かけをするとともに，数名を指名して発表させる。
終末	まとめ	7．「風に立つライオン」の曲と島田医師のメッセージを聞く。	**p4c 的な対話**	・島田医師の凛とした志を感じさせ，余韻をもって終わる。

2　2つのツールを使う

p4c には重要な「マジックワード」と「ツールキット」という2つのツールがあります。対話を円滑に進めるためのものです。

> ●マジックワード
>
> 　意味のない言葉で相手を傷つけずに伝えるため対話のルールから外れたことが起こったときにルールを明示するための言葉。コミュニティボールを持っていなくても，マジックワード使用は可。
>
> IDAS（イダス）＝ I don't understand（「わかりません」という合言葉）
>
> SPLAT（スプラット）＝ speak a little louder, please（大きな声で）
>
> ●ツールキット
>
> 　質問をしたくなったときに使うオープンクエスチョン
>
> ・What do you mean?（それってどういうこと？　どういう意味？）
>
> ・Reason（なぜ？　どうして？）
>
> ・Assumption（この意見の根っこにはどんな考えがあるんだろう？）
>
> ・Inference（その考えはどこから来たの？）
>
> ・True（それって本当？）　　　・Example（例えば…）
>
> ・Counter-example（でもね…　けどね…）

　この p4c には，「じっと待つ，誘導しない，まとめない」というキャッチフレーズがあります。これまで私たちが行ってきた方法とは，まったく逆のやり方ですが，**生徒の主体的・対話的な学習を実現していくためには，きわめて重要なこと**です。新学習指導要領のねらいを実現させるうえでも，p4c の取組  は大きな意味をもっています。ぜひチャレンジをしてほしいと思います。

48 ローテーション道徳で
授業の質を高める

1 同じ教材を使って違う学級で授業を行う

　道徳の教科化が決まってから話題となっているのが，ローテーション道徳です。通常は，担任が自分の学級で1時間道徳の授業を行ったら，それで終わりです。一発勝負です。その授業を改善しようとしても，その機会がありません。そこで，考えられたのがローテーション道徳です。学年が6学級であれば，1人の担任が同一教材を使った授業を6つの学級で実施します。これを6人の担任でローテーションを組んで行います。

ローテーション道徳の例

担当	教　材
A担任	二人の弟子
B担任	二通の手紙
C担任	ネット将棋
D担任	石井筆子
E担任	いつわりのバイオリン
F担任	卒業文集最後の二行

授業日	1組	2組	3組	4組	5組	6組
5月1日	A担任	B担任	C担任	D担任	E担任	F担任
5月8日	B担任	C担任	D担任	E担任	F担任	A担任
5月15日	C担任	D担任	E担任	F担任	A担任	B担任
5月22日	D担任	E担任	F担任	A担任	B担任	C担任
5月29日	E担任	F担任	A担任	B担任	C担任	D担任
6月5日	F担任	A担任	B担任	C担任	D担任	E担任

　例えば，上記のようにローテーションを回していきます。こうしたローテーションは，**年間の指導計画の中にしっかりと位置づける必要があるので，年度はじめに学年で検討することが大切**です。

2　授業後に必ず授業改善の検討を行う

　ローテーション道徳は，新しく始まったものではなく，20年ほど前に私の勤務校でも普通に行われていました。それはメリットが大きいからです。

> ・自分の道徳授業を何度も実践することで改善することができる。
> ・道徳の時間の他の学級の生徒の様子を知ることができる。
> ・毎週，道徳の指導案を作成する必要がなく，時間にゆとりが生まれる。
> ・授業改善について，学年の教職員全員が一緒に学ぶことができる。

　上記のような，メリットがある反面，留意する点もいくつかあります。以下のような点です。

> ・授業改善の検討を行わずに，授業を繰り返すことは，質のよくない授業を何度も提供することにつながる。
> ・生徒の状況がわからない1学期に行うことは，意図的指名をする際に支障が出てくる可能性があるので，2学期以降に行うことが望ましい。
> ・基本的には，生徒をよく理解している担任が行う方がより効果が大きいことを認識しておく必要がある。
> ・評価のことを考えると，ローテーション道徳を何度も繰り返して行うことは避けた方がよい。担任が，生徒の成長をしっかり見取ることが大切になる。

　ローテーション道徳は，生徒も大いに期待をしていますが，何度も続くと学級経営上も支障が出てきます。年間を通して計画的に行うことが大切です。また，授業事前事後の綿密な検討会が必要になります。すべては，生徒に良質の授業を提供するためであることを忘れないようにしたいですね。

49 日常生活の中から教材を開発する

1　日々の報道や街角の掲示物などにアンテナを高くする

　教科化に伴って道徳科においても教科書の使用が義務づけられました。これまでは，様々な資料を活用していましたので，現場にとっては大きな変化の1つと言えます。

　しかし，教科書があるので，教材開発をしなくてよいということではありません。**授業をより深い学びとするために，これまで同様に教材開発は大切なものになります。**

　学習指導要領解説には次のように記されています。

> 　教材の開発に当たっては，日常から多様なメディアや書籍，身近な出来事等に関心をもつとともに，柔軟な発想をもち，教材を広く求める姿勢が大切である。具体的には，生命の尊厳，社会参画，自然，伝統と文化，先人の伝記，スポーツ，情報化への対応等の現代的な課題などを題材として，生徒が問題意識をもって多面的・多角的に考えたり，感動を覚えたりするような充実した教材の開発が求められる。

　開発した教材は，導入や展開の中での補助，終末でのまとめ等で活用する

ことができます。例えば教材「バスと赤ちゃん」の導入に東京メトロが作成した右のようなポスターを提示し，ここから授業を始めます。

特に解説にもあるように，現代的な課題を扱う際には，生徒がより身近に問題意識を感じられる教材が必要になります。常にアンテナを高くして，教材開発に努めることが大切です。

2　地域教材で白熱した授業を実現する

特に教材開発が必要となるのは，C−16の内容項目である「郷土の伝統と文化の尊重，郷土を愛する態度」を扱う授業です。教科書の教材では，他地域の教材が扱われていて，生徒が身近に感じられない場合が多くなります。そこで，各地域の実情に応じた道徳教材が必要となります。各地域には，道徳的価値を含んだすばらしい話がたくさん存在しています。ぜひ教材化をしていただきたいと思います。

155

> ●長崎県長崎市の山王神社のクスノキ
> 　原爆で焼け野原となった街で投下の2か月後に新芽を出し，人々に勇気を与えました。福山雅治さんの「クスノキ」という曲になっています。
> ●沖縄県うるま市の「海から豚がやってきた」
> 　太平洋戦争で壊滅的な被害を受け，荒廃し食糧難で耐え難い状況下にあった沖縄県に，遠くハワイの沖縄県系の住民が，募金で集めたお金で購入した豚550頭を送ったという話。

このような話がどの地域にも残っていると思います。郷土を愛する心を育てるために，各学校，各地域で教材開発をして，生徒とともに先人の生き方から何を学ぶかを熱く議論してほしいと思います。

50 小単元を構成してテーマ追究型の
ダイナミックな授業を展開する

ポイント

1 学校や学年でテーマを決め，小単元を構成する
2 評価は「一枚ポートフォリオ」を使う

1 学校や学年でテーマを決め，小単元を構成する

　道徳が教科化され，学校現場においては道徳の指導法の実践や研究が進んでいます。道徳教育自体が学校教育全体で行うべきものであり，道徳科がその「要」であることを考えたとき，学校全体の道徳教育と道徳科の授業のかかわりについての研究がこれからどんどん進んでいくことでしょう。

　まずは，学校全体の道徳教育の目標と道徳科の授業のねらいが同じ方向に向けて進んでいくことが大切です。そのためには，**学校や学年で道徳教育のテーマを決め，それに合わせた小単元を構成して授業を進めること**です。

　本校の例をお示しします。

平成29年度2学期	「命」に向き合う	…がん教育を中心とした取組
同　3学期	「震災」から学ぶ	…生きる力を学ぶ取組
平成30年度1学期	「夢」の実現	…困難を克服し夢を実現することの学び
同　2学期	「病や障害」と向き合う	…難病や障害との向き合い方や生き方を学ぶ
同　3学期	「震災」から学ぶ	…支える力を学ぶ取組

　これが学校としての道徳教育のテーマです。これを基にして，各学年で道徳の授業の小単元を構成します。

1月11日	1月18日	1月23日	2月8日	2月15日	3月13日
学級活動	道徳	生徒集会	道徳	総合的な学習	生徒集会
地震と避難 （安全指導）	語りかける目 （家族愛）	震災を学ぶ 集会	塩むすび （集団生活の充実）	講演会 （震災語り部）	震災追悼集会 ミニ講演会

道徳の授業を中心とした総合単元的な小単元の設定（1年生3学期の例）

　上記のように，特別活動とも関連させながら小単元を構成し，授業を進めていきます。年間35時間ある授業をすべて関連づけて小単元を構成するのは難しいことですので，**学期に1単元（4〜6時間程度）の設定**を行っています。

　こうすることで，1時間1時間で完結していく道徳ではなく，数時間の学びの中で，生徒が自分自身を見つめ，いかに生きていくかを数時間というダイナミックな時間の流れの中で考えていくことができるようになります。

2　評価は「一枚ポートフォリオ」を使う

157

　さて，この方法は，評価にも結びついており，極めてスムーズに生徒個々の道徳性の成長を見取ることができます。活用するのは，愛知県総合教育センターが作成した「一枚ポートフォリオ」です。

　表面は，単元を通しての学習から，自分が学んだことを客観的に捉えます。裏面は，各時間の学習の振り返りとなります。

　こうして，この1枚のポートフォリオから，生徒の道徳性の成長を見取り，評価文を作成します。**特に表面の「自分の成長」を捉える欄の記述は，大いに参考になります。**

　この取組は，学校全体にかかわることですので，管理職や道徳推進教師と連携をしながら進めていくことが大切です。こうしたダイナミックな取組が1つでも多くの学校で広がっていくことを期待しています。

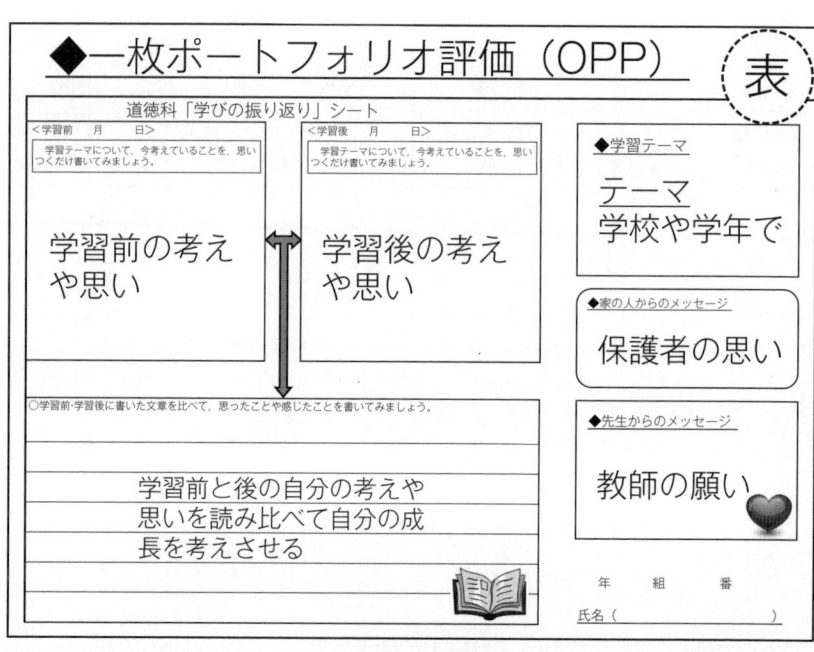

◆一枚ポートフォリオ評価（OPP） 表

道徳科「学びの振り返り」シート

<学習前　月　日>
学習テーマについて、今考えていることを、思いつくだけ書いてみましょう。

学習前の考えや思い

<学習後　月　日>
学習テーマについて、今考えていることを、思いつくだけ書いてみましょう。

学習後の考えや思い

◆学習テーマ

テーマ
学校や学年で

◆家の人からのメッセージ

保護者の思い

◆先生からのメッセージ

教師の願い

○学習前・学習後に書いた文章を比べて、思ったことや感じたことを書いてみましょう。

学習前と後の自分の考えや思いを読み比べて自分の成長を考えさせる

年　　組　　番

氏名（　　　　　　　　）

158

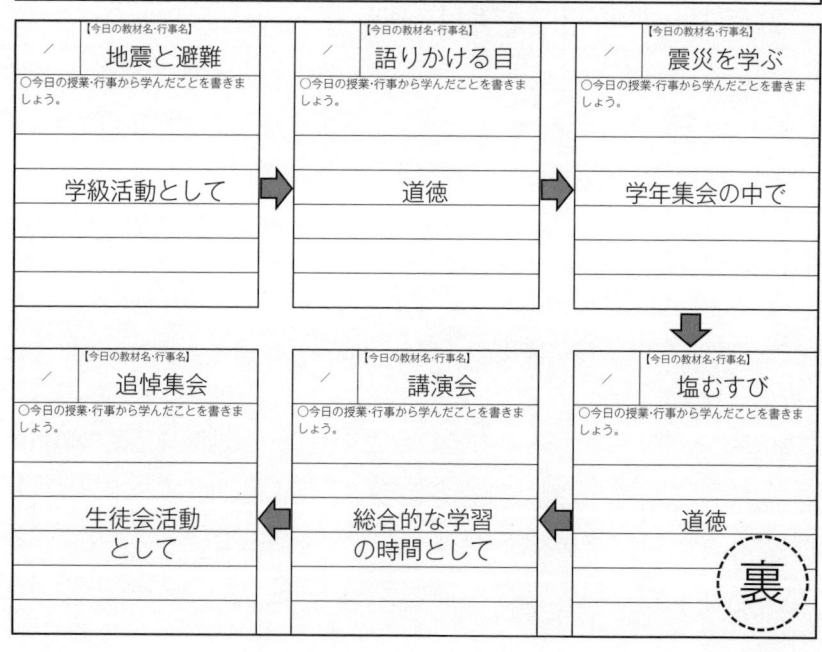

【今日の教材名・行事名】／
地震と避難

○今日の授業・行事から学んだことを書きましょう。

学級活動として

【今日の教材名・行事名】／
語りかける目

○今日の授業・行事から学んだことを書きましょう。

道徳

【今日の教材名・行事名】／
震災を学ぶ

○今日の授業・行事から学んだことを書きましょう。

学年集会の中で

【今日の教材名・行事名】／
追悼集会

○今日の授業・行事から学んだことを書きましょう。

生徒会活動として

【今日の教材名・行事名】／
講演会

○今日の授業・行事から学んだことを書きましょう。

総合的な学習の時間として

【今日の教材名・行事名】／
塩むすび

○今日の授業・行事から学んだことを書きましょう。

道徳

裏

【著者紹介】

山田　貞二（やまだ　ていじ）

1961年岐阜県羽島市生まれ。愛知教育大学卒業後，昭和58年より愛知県公立学校教員として，小学校11年，中学校24年勤務。平成11年１月にはNHK「のど自慢」に出演。これが人生の転機となる。2011年より一宮市立大和中学校校長。"荒れた学校"にて道徳を中心に学校の再生を目指す。2014年度から２年間，つくば教員研修センターの中央研修で学校経営組織マネジメントについて実践発表。2015年度から２年間は愛知県教育委員会義務教育課主席指導主事として道徳教育を担当。2017年度より一宮市立浅井中学校校長。現在に至る。

　『学級づくり365日の仕事術＆アイデア事典』（明治図書），『スタートダッシュ大成功！　中学校学級開き大事典』（明治図書），『定番教材でできる問題解決的な道徳授業 小学校』（図書文化），『「現代的な課題」に取り組む道徳授業』（図書文化）等多数の書籍に実践を寄稿。月刊『道徳教育』（明治図書）や日本教育新聞等にも記事を連載。

　道徳の教科化を契機として，道徳関係書籍の執筆活動とともに，全国の小中学校や教育委員会の研修会で講演や出前授業を行う。また，『A to Z道徳授業学習会』の代表として，地域の道徳教育の普及にも努めている。

【学習会メールアドレス】teiji_rohla@yahoo.co.jp

中学校　道徳の授業がもっとうまくなる50の技

| 2019年６月初版第１刷刊 | ©著　者 | 山　　田　　貞　　二 |
| 2022年９月初版第６刷刊 | 発行者 | 藤　　原　　光　　政 |

発行所 明治図書出版株式会社
http://www.meijitosho.co.jp
（企画）矢口郁雄（校正）大内奈々子
〒114-0023　東京都北区滝野川7-46-1
振替00160-5-151318　電話03（5907）6701
ご注文窓口　電話03（5907）6668

＊検印省略　　組版所 株式会社 木元省美堂

Printed in Japan　　ISBN978-4-18-293410-0

もれなくクーポンがもらえる！読者アンケートはこちらから

中学校 新学習指導要領の授業づくり

国語
冨山哲也 著

152頁／1,800円+税　図書番号【2867】

社会
原田智仁 著

144頁／1,800円+税　図書番号【2866】

数学
玉置 崇 著

160頁／2,000円+税　図書番号【2864】

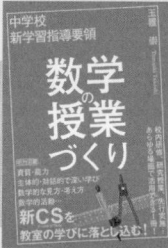

理科
宮内卓也 著

168頁／1,900円+税　図書番号【2865】

英語
本多敏幸 著

144頁／1,760円+税　図書番号【2868】

音楽
加藤徹也
山﨑正彦 著

168頁／2,000円+税　図書番号【2869】

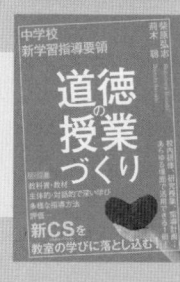

道徳
柴原弘志
荊木 聡 著

168頁／2,000円+税　図書番号【2863】

改訂のキーマン、授業名人が
新CSの授業への
落とし込み方を徹底解説！

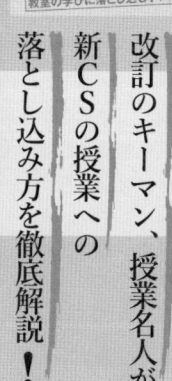

※全てA5判